풍성한 승리

풍성한 승리

지은이 | 이성조
초판 발행 | 2023. 1. 18.
등록번호 | 제1988-000080호
등록된 곳 | 서울특별시 용산구 서빙고로65길 38
발행처 | 사단법인 두란노서원
영업부 | 2078-3352   FAX | 080-749-3705
출판부 | 2078-3331

책값은 뒤표지에 있습니다.
ISBN 978-89-531-4386-9 03230

독자의 의견을 기다립니다.
tpress@duranno.com   www. duranno.com

두란노서원은 바울 사도가 3차 전도여행 때 에베소에서 성령 받은 제자들을 따로 세워 하나님의 말씀으로 양육
하던 장소입니다. 사도행전 19장 8-20절의 정신에 따라 첫째 목회자를 돕는 사역과 평신도를 훈련시키는 사역,
둘째 세계선교(TIM)와 문서선교 (단행본·잡지) 사역, 셋째 예수문화 및 경배와 찬양 사역, 그리고 가정·상담 사역 등을
감당하고 있습니다. 1980년 12월 22일에 창립된 두란노서원은 주님 오실 때까지 이 사역들을 계속할 것입니다.

사랑은 절대 지지 않는다

풍성한 승리

이성조 지음

두란노

contents

Part 1

능력, 이기는 힘은 어디에서 오는가? _로마서 1-3장

추천사

고야는 〈개〉라는 그림에서 흐르는 모래에 갇힌 개의 절망스러운 상황을 보여 준다. 몸부림칠수록 몸은 더욱 모래 속에 파묻힌다. 개는 잿빛 하늘을 망연히 바라본다. 자기 힘으로 할 수 없는 일이 있음을 알아차렸기 때문이다. 각자도생이 일상이 된 세상에서 살아가는 현대인들의 처지가 그러하다. 믿음의 사람이라고 하여 상황이 크게 다르지 않다. 저자는 이런 상황 속에 빠진 한 가족이 말씀을 통해 어떻게 회복되는지를 설득력 있게 들려준다.

길이 보이지 않는다 하여 낙심할 것 없다. 지향을 바로 하고 한 걸음을 성실하게 걷다 보면, 문득 자기 앞에 길이 열리고 있음을 알 수 있다. 《풍성한 승리》는 믿음을 통해 복음의 능력이 어떻게 유입되고, 그 능력이 어떻게 사랑의 삶으로 번역되는지를 차분하게 보여 준다. 로마서에 감춰진 구원의 서사와 한 가족의 서사가 어우러져 이뤄 내는 화음이 가지런하다. 구원의 빛은 언제나 예기치 못한 곳에서 스며든다.

김기석_청파교회 담임목사

프롤로그

요즘 유독 삶의 무게를 버거워하는 사람들의 이야기가 많이 들린다. 그런 사람들의 두 가지 공통점이 있다. 첫째, 그들은 대부분 그리스도인이거나 한때는 그리스도인이었다. 둘째, 힘듦의 원인이 대부분 '돈'이다. 영끌 대출을 받았는데 집값이 떨어지더니 이자가 올라 월급의 반 이상을 이자로 쏟아 부어야만 하는 3040세대, 장사가 너무 안 되어 애가 끓는데 하소연할 곳조차 없는 자영업자들, 정규직은 꿈도 꾸지 못한 채 n잡의 무한루프에 발목 잡힌 청년들, 그런 자녀 세대를 바라보며 노후 대책의 끈을 놓을 수밖에 없는 부모 세대 등을 보면서, 목사로서 무능력함을 느끼며 자괴감에 빠진다.

젊은 시절에는 내가 품었던 찬란한 꿈들이 초라하게 느껴질 만큼 기독교의 매력은 굉장했다. 그런데 도대체 그것들은 다 어디로 사라져 버린 걸까? 목사로서 성도들에게 주식이나 집값이 오르락내리락하는 데 마음 빼앗기지 말고, 돈보다 십자가에 훨씬 더 강력한 능력이 있다고, 그러니 교회에 나와야 한다고 어떻게 설득할 수 있을까? 나 자신부터 스스로 납득해야만 했다.

고민에 빠진 나에게 하나님이 선물을 주셨다. 바로 로마서다. 로마서가 이렇게 따뜻한 이야기였던가? 절망에 빠질 수밖에 없었던 한 가족이 로마서 말씀으로 하나님의 사랑을 회복하게 된 놀라운 이야기를 독자들에게 들려주게 하셨다. 약간의 상상력이 더해지긴 했지만, 너무나도 현실적인 우리 가족이요 이웃인 성도의 이야기다.

하나님이 주신 이 "풍성한 선물"로 오늘도 삶에서 힘든 싸움을 벌이고 있는 우리 이웃과 성도와 자녀들이 넉넉히 승리하게 되기를 소망해 본다.

2023년 1월
이성조

Part

1

능력, 이기는 힘은
어디에서 오는가?

로마서 1-3장

○

복음의 능력이란 무엇일까?

●

김 권사_ 목사님! 더는 힘들어서 교회를 못 다닐 것 같아요!

이 목사_ 네?

김 권사_ 이제는 정말 끝입니다. 더는 못 버티겠어요. 믿음이 있는 척 교회를 다니는 것도 싫고요. 그냥 지금까지 믿어 왔던 모든 것이 와르르 무너지는 느낌이에요. 다시 무엇을 소망하거나 기도할 힘도 남아 있지 않아요!

믿음이 한순간에 무너지다

교회 일에 누구보다 헌신적이고, 맡은바 직분을 조용히 잘 감당하던 김 권사님이 내게 이런 말을 하리라고는 상상해 본 적이 없었다.

김 권사님은 우리 교회 아무개 장로님의 부인으로 세 명의 자녀를 두었는데, 큰아들과 작은아들은 서울의 일류 대학을 나와서 좋은 직장을 다니고 있었고, 발달장애가 있는 막내딸은 권사님의 평생 기도 제목이었다. 하지만 막내딸을 하나님이 주신 귀한 선물로 여겼으며, 하나님이 그 딸을 언젠가는 귀하게 쓰실 것이라는 믿음이 있었다. 그 소망으로 교회에서 헌신하며 남모르게 봉사 활동도 많이 해 오신 분이다.

특히 작은아들은 믿음으로 보나 삶으로 보나 타의 모범이 되어 많은 권사님이 사위로 삼고 싶어 했다. 그런데 그 아들이 결혼 문제로 장로님과 크게 다투었다. 사귀는 자매가 불신자 집안이어서 결혼을 반대했는데, 기어코 그 자매와 결혼해야겠다며 집을 나갔다고 한다. 게다가 당분간 교회까지 쉬겠다고 하고, 자매와 결혼하면 다른 교회에 나갈 작정이라고 한다.

권사님 이야기를 들어보니, 결혼을 반대하는 장로님도 이해가 갔다. 지금 가정에 닥친 큰 어려움이 믿음 없는 큰며느리 탓이라고 생각하시기 때문이다. 장로님의 아버지가 목사님이셨는데, 넉넉하지 않은 가정 형편으로 부모의 지원을 받지 못한 것이 한이 되어서 아들들만큼은 정말 최선을 다해 지원하고 양육하셨다고 한다.

그 덕에 큰아들은 대학 졸업 후 대기업에 들어갔다. 그런데 직장에서 믿지 않는 자매를 만나 결혼하더니 교회 생활을 소홀

히 하기 시작했고, 급기야 아예 신앙생활을 그만두기에 이르렀
다. 그런 와중에 '영끌'하여 아파트를 샀다가 금리가 오르고 아
파트 가격이 내려가기 시작하자 부모에게 경제적 고통을 하소
연하기 시작했다. 그러더니 부모의 노후 준비 자금을 끌어다
썼고, 심지어 자기 명의로 되어 있지만 실은 부모님이 둘째 동
생의 결혼 자금과 막내 여동생을 위해 사 둔 땅을 팔아 버린 뒤
연락을 끊고 잠적해 버렸다.

장로님은 자신의 인간적인 사랑으로 인해 큰아들에게 믿음
을 제대로 가르치지 못한 것 같아 후회된다고 하셨다. 작은아
들이 형을 고소해야 하는 것 아니냐고 목소리를 높였지만, 어
떻게 아버지가 아들을 고소할 수 있겠는가? 장로님은 모든 것
이 예수를 믿지 않는 큰며느리 탓이라 여기며 큰아들과 연을
끊고, 조용히 사는 것으로 마음을 정리했다고 한다.

권사님은 큰아들에게 어떻게든 연락해 보려고 하는 중에,
둘째마저 불신자 집안의 딸과 결혼하겠다고 나섰으니 큰 충격
을 받으셨다. 큰아들을 잃었는데, 부모의 자랑이던 작은아들
까지 잃게 생겼으니 어렵게 버텨 왔던 믿음이 한순간에 무너
진 것이다.

김 권사_ 목사님! 하나님은 분명 그 뜻대로 부르심을 입은 자들
에게는 모든 것이 합력하여 선을 이루게 하신다고 하지 않으셨

나요? 그런데 지금 제 상황을 보면, 모든 것이 합력하여 가정을 무너뜨리고 있는 것만 같아요! 남편은 한평생 성실히 직장 생활했고, 교회에서 장로까지 되었지만, 아이들이나 저에게 너무 율법적입니다. 아이들과 대화할 줄 모르고, 아내인 제게는 윽박지르기 일쑤였어요. 물론, 자신은 가정을 위해 최선을 다했다고 항변하지만, 마주 보면 싸움만 나는 것 같아 요즘은 아예 각방을 써요. '아! 이래서 황혼 이혼을 하는구나' 라는 생각이 듭니다. 목사님! 제가 한평생 한 것이라고는 예수님 믿는 것이 전부였어요. 그런데 지금 자녀들에게 해 줄 수 있는 것이 아무것도 없네요. '이러면 안 돼! 마귀에게 지면 안 되지!' 하고 생각하지만, 무기력증으로 종일 침대에 누워 있어요. 우울증인가 해서 병원도 다니는데, 도저히 힘을 낼 수가 없네요. 목사님! 교회에서 "믿음의 능력! 복음에 능력이 있다!" 이런 말을 많이 들어 봤는데, 대체 어떤 능력이 있다는 거죠? 제가 이 싸움에서 이겨 낼 수 있을까요?

권사님에게 어떤 말도 해 드릴 수가 없었다. 이것이 복음의 능력이니 이렇게 믿으면 결국 승리하게 되리라고 설명할 재주가 내게 없었다. 그래서 솔직히 말씀드렸다.

이 목사_ 권사님! 죄송해요. 저도 능력이 부족해서 제 얕은 지혜로는 다 설명해 드릴 수가 없네요. 하지만 기도할게요. 그리고 다음 주에 다시 만나서 하나님의 인도하심을 함께 구해 보시지요.

권사님을 위해 기도해 드린 후 상담을 마쳤다.

20년 가까이 목회해 온 나도 갑자기 궁금해졌다. 복음의 능력이 대체 뭘까? 성도 중에는 권사님의 큰아들처럼 영끌 대출로 아파트를 산 젊은 부부들이 있다. 또 취업 전쟁에서 실패를 거듭한 청년들이 있다. 소망을 잃고 암담해하는 그들에게 믿음을 가지고 끝까지 견디자고, 계속 도전하자고 말은 하지만 복음의 능력이 무엇인지 똑 부러지게 설명할 자신이 없다. 장애를 가지고 태어난 귀한 생명, 중환자실에서 삶과 죽음 사이를 오가며 사투를 벌이고 있는 이들에게 어떻게 복음의 능력으로 그 치열한 싸움에서 이길 수 있다고 설득할 수 있을까?

복음의 실질적 능력이란 무엇일까? '복음의 능력!' 하면 떠오르는 구절이 있다.

"내가 복음을 부끄러워하지 아니하노니 이 복음은 모든 믿는 자에게 구원을 주시는 하나님의 능력이 됨이라"(롬 1:16).

물론, 구원받고 영생하는 것이 복음의 능력이다. 복음의 능력은 죽은 이를 살리는 것뿐 아니라 죽어 가는 모든 것을 살려 내는 능력이다. 그런데 예수를 잘 믿으면 천국에 간다는 얘기만으로는 잘 설득되지 않는다. 문제는 죽은 후가 아닌 지금이기 때문이다. 오늘 당장 죽지 않고 살아남기 위해서 직장, 가정, 학교나 병상에서 치열하게 싸우고 있는 사람들이 더는 버틸 힘이 없어 지쳐 간다. 복음의 능력이 단지 죽은 후에 가는 천국을 위해서만 발휘된다면, 죽기 직전에 믿으면 되지 않을까? 우리는 왜 '지금' 예수를 믿어야 하는가?

또 구원은 한 개인의 죽음만을 말하지도 않는다. 지금도 이 세상에는 수없이 많은 싸움이 벌어지고 있다. 우크라이나와 러시아의 전쟁은 비단 그들만의 전쟁이 아니다. 곡물 가격과 원유 가격이 뛰면서 생산 원가가 올라 전 세계가 경제 위기를 겪고 있다. 주식값은 떨어지고, 환율은 오르고, 경기는 침체기인데 금리가 올라 인플레이션이 현실화되니 많은 사람이 빚으로 고통당하고 있다. 이러한 거시 경제의 전쟁 속에서 각 가정과 수많은 직장인과 청년들이 자기만의 생존 싸움을 벌이는 중이다.

그러나 이것은 그들만의 싸움이 아니다. 영적으로는 생명과 죽음 사이를 주관하는 권세자 간의 싸움이기도 하다. 세상의 이 거대하고 방대한 싸움으로 인해 지치고 생명을 잃어 가는 우리와 우리 자녀에게 필요한 것은 무엇일까?

그 답을 찾으려면, 로마서를 다시 읽어야 한다.

로마서를 다시 읽다

로마서는 한 사람, 한 가정, 한 교회와 나라와 민족을 뛰어 넘는 거대한 우주적 창조 세계에서, 현재와 장래 일을 초월하는 방대한 역사의 흐름 가운데 사망과 생명을 주관하는 거대한 싸움을 그려 낸다. 이것이 바로 로마서의 '지평'이다! 로마서의 핵심 구절은 그 지평에 관해 이렇게 말한다.

> "내가 확신하노니 사망이나 생명이나 천사들이나 권세자들이나 현재 일이나 장래 일이나 능력이나 높음이나 깊음이나 다른 어떤 피조물이라도 우리를 우리 주 그리스도 예수 안에 있는 하나님의 사랑에서 끊을 수 없으리라"(롬 8:38-39).

로마서 하면 우리 삶과는 그렇게 관련 없는 신학적이며 교리적인 내용만 가득한 딱딱한 이미지가 떠오른다. 그러나 2000년 기독교 역사에 위대한 변화를 주도한 동력 뒤에는 언제나 로마서가 있었다. 신학자 F. F. 브루스는 이렇게 말한다.

"진정한 로마서의 독자들에게 경고한다. 이제 당신들의 삶에 어떤 결과들이 나타날지에 대해 각오하라!"

감히 각오하라고는 못 하겠지만, 충분히 기대하라! 복음의 능력이 무엇인지, 또 믿음으로 그 능력을 우리 삶에서 어떻게 구체적으로 경험할 수 있는지, 그리고 무엇보다도 왜 사랑이 모든 싸움에서 이기게 해 주는 절대적 능력인지를 스스로 설득할 수 있을 것이다.

이 책은 로마서를 읽고 함께 공부하며 "내가 이 싸움에서 이겨 낼 수 있을까요?"라고 질문했던 권사님이 "이 모든 일에 우리를 사랑하시는 이로 말미암아 우리가 넉넉히 이기느니라"(롬 8:37)를 스스로 고백하게 되는 과정을 그린다.

로마서는 오늘도 인생의 힘든 싸움을 벌이고 있는 수많은 성도를 향한 바울의 메시지다. 당신 앞에도 수많은 싸움이 펼쳐지고 있다. 과연 어떻게 이길 것인가?

"그리스도 안에 있는 하나님의 사랑에서 나를 끊어 낼 수는 없어! 나는 이미 최종 승리를 거머쥔 사람이야. 다시 일어나자! 넉넉히 이길 수 있어!"

스스로 이렇게 선포하게 되기를 소망해 본다.

○

넉넉히 이기게 하는 힘 (롬 1:1-17)

●

능력.

수많은 경쟁과 싸움에서 승리해야 인정받는 현대인이 참 좋아하는 단어다. 그런데 이 '능력'이란 말에 서로 다른 세 가지 뜻이 내포되어 있음을 아는 사람이 몇이나 될까? 능력을 뜻하는 영어 단어로 어빌리티(ability), 케이퍼시티(capacity), 파워(power) 등을 들 수 있다. 우선 ability는 타고나거나 습득된 개인의 능력과 재능을 말하고, capacity는 무엇을 수용할 수 있는 능력, 곧 용적 혹은 생산 능력을 뜻하는데, 뜻 자체가 어떤 제한성을 내포하고 있다. 인간의 수명처럼 말이다. "나는 지금 아이 하나 키우기도 버거운데, 둘은 정말 내 능력 밖이야"라고 표현할 때, 그 능력이 capacity이다. capacity는 한계가 있다는 뜻에서 의지력이나 끈기도 포함한다. 경쟁이 치열한 세상에서 싸워 이기기 위해서는 타고났건 혹은 습득되었건 간에 개인의 ability와 capacity는 언제나 제한적이며 항상 부족하다.

그래서 모든 사람이 갈망하는 능력이 있다. ability와 capacity의 한계를 단번에 채워 줄 능력, 곧 power다.

힘을 향한 갈망

힘, 세력, 권력, 정권 등 다양한 뜻을 지닌 power라는 능력은 개인이 노력해서 습득되는 것이 아니다. 전적으로 누군가로부터 주어지는 '힘'을 말한다. 그래서 사람들은 소위 높은 자리를 꿈꾼다. 내 힘만으로는 도저히 할 수 없는 일을 해낼 힘을 얻기 위해서다.

영끌 대출로 부동산을 사는 이유가 뭘까? 이제는 개인의 능력(ability)이나 앞으로 받을 몇 년 치 연봉(capacity)으로는 내 집마련은 불가능하기 때문이다. 우리 몸 자체의 capacity는 갈수록 줄어든다. 해가 지날 때마다 피부에 주름이 생기고, 약해져서 병이 나고 결국 죽음에 이르며 소멸하게 된다. 그래서 TV 광고에 미모와 장수를 가져다준다는 power를 앞세운 제품들이 홍수처럼 쏟아져 나오는 것이다.

우리 삶이 가장 절실하게 필요로 하는 힘은 무엇일까? 권력, 돈 아니면 최신 의술인가? 무엇이 되었든 '그 힘이 얼마나 지속되는가'가 관건이다. 영원한 권력은 없다. 권력의 수명은 평균 3–5년 정도다. 이번에 얻은 돈이나 대출금으로 사업장이 2–3년은 유지될 수 있을까? 이처럼 권력의 짧은 수명 탓인지, 우리 삶은 힘(power)을 부여잡기 위한 몸부림의 연속이다. 이 힘에서 저 힘으로 쉼 없이 갈망을 갈아탄다.

현대사회는 세상이 주는 power에 중독된 사람들이 많다. 약물 중독이 대표적이다. 요사이 젊은이들의 삶이 참으로 고되다. 그래서인지 최근 마약 중독으로 치료받는 젊은이들이 몇 배나 늘었다고 한다. 당장 죽을 것같이 우울하고 힘든데, 어떤 약을 먹으면 내 몸에 강력한 힘이 들어와 순간적으로 기분을 상승시켜 주는 것이다. 운동선수들이 왜 스테로이드 약물에 중독될까? 자기 힘으로 낼 수 없는 기록을 내고 환호 받을 수 있기 때문이다. 권력이란 자리의 중독은 또 어떠한가? 별 관심을 끌지 못했던 사람도 어떤 자리에 앉으면 그 자리로 인해서 힘이 생기고, 사람들의 주목을 끌게 된다. 도박 중독도 마찬가지다. 내 능력으로는 열심히 일해 봐야 한 달에 겨우 몇백만 원을 버는 정도인데, 도박 한 판만 제대로 이겨도 몇천만 원이 그냥 들어오지 않는가! 거저 돈 버는 희열에 한 번 중독되면 빠져나올 수가 없다.

하지만 그 힘이 주는 근사한 변화가 짧게 지나고 나면, 대체 무엇이 남을까? 잠시 한껏 부푼 풍선과도 같았던 삶이 어느새 쪼그라들어 전보다 더 볼품없어질 뿐이다. 적나라하게 드러난 형편없는 모습에 직면하는 고통을 겪어야 한다. 이것이 중독이 무서운 이유다. 나의 고귀한 능력과 가치를 완전히 쓸모없는 것으로 만들어 놓기 때문이다.

부모가 자녀의 삶을 망치는 지름길이 있다. 부모가 자녀 스스로 자신의 ability와 capacity를 스스로 키워 나갈 기회를 주지 않고, 부모가 주는 힘에 중독되게 하는 것이다. 이러한 부모를 '잔디깎기 맘'(Lawn Mower Mom)이라고 한다. 자녀가 키울 역량의 소중한 싹을 아예 싹둑 잘라 버리고는 스스로 좋은 부모라고 착각한다.

그렇다면 자녀의 삶을 성공으로 이끄는 부모는 어떤 모습일까? 자녀의 연약함과 나약함에 함께 마음 아파할 수 있어야 바람직한 부모다.

"괜찮아, 네가 실패하고 넘어져도 상관없어. 나는 네가 성공해서가 아니라 너라서 사랑하는 거니까."

자녀는 부모와의 사랑의 관계 속에서 자신의 재능과 역량을 스스로 키워 나간다. 그러므로 자녀를 관계를 통해 북돋아 주는 부모야말로 '의'로운 부모다.

복음의 능력은 초라한가?

부모가 자녀에게 주어야 할 본질적 능력은 무엇일까? 자녀가 자신만의 재능과 역량을 스스로 키워 나가는 것도 중요하다. 그러나 우리가 모두 경험했듯 자신의 재능과 역량으로는 곧 한계에 부딪히고, 수백 번 넘어지게 된다. 자신의 한계에 직면하고 실패를 경험하는 바로 그때, 자녀가 갈망해야 할 진정한 힘은 무엇일까? 바울은 그 힘에 관하여 이렇게 말한다.

"내가 복음을 부끄러워하지 아니하노니 이 복음은 모든 믿는 자에게 구원을 주시는 하나님의 능력이 됨이라"(롬 1:16).

로마 제국은 어떻게 오랜 시간 그 힘, 곧 권력을 유지할 수 있었을까? 힘을 얻고자 하는 인간의 본성을 아주 잘 이용해서다. 로마 제국은 정통 로마인이건 피식민 민족이건 간에 상관없이 누구나 로마 시민권을 얻을 수 있는 유연한 정책을 썼다. 로마 시민권의 힘(power)은 막강했다. 특히 법적으로나 상업적으로나 특별한 지위를 얻을 수 있었다. 그러니 로마군에 맞서기보다는 투항하는 편이 차라리 더 좋은 선택이었다. 10년의 군 복무 기간을 보낸 뒤 로마 시민권을 얻고 나면, 하루아침에 신분이 달라지면서 그때부터 자신의 재능(ability)과 역량(capacity)을 마음껏 펼칠 기회가 생겼다.

로마 제국은 피식민지의 다양한 민족을 제국 아래 하나로 묶어 놓을 수 있는 강력한 힘이 필요했다. 그 힘이 바로 로마법이다. 통치권을 유지하기 위해서 로마법에 대항하는 사람을 가장 치욕적인 방법으로 처형함으로써 철저하게 실패자로 만들었다. 그 처형 방법이 바로 십자가다. 그래서 당시 사람들은 십자가를 매우 수치스럽게 여겼으며 부끄럽게 생각했다. 바울은 그 부끄러움에 관하여 고린도전서에서 이렇게 말한다.

"유대인은 표적을 구하고 헬라인은 지혜를 찾으나 우리는 십자가에 못 박힌 그리스도를 전하니 유대인에게는 거리끼는 것이요 이방인에게는 미련한 것이로되"(고전 1:22-23).

표적이란 누구에게나 증명되는 힘과 능력을 말한다. 유대의 대제사장들은 십자가에 달리신 예수님을 가리키며 "그가 남은 구원하였으되 자기는 구원할 수 없도다 그가 이스라엘의 왕이로다 지금 십자가에서 내려올지어다 그리하면 우리가 믿겠노라"(마 27:42)라고 희롱했다. 치욕스럽게 십자가에 매달려 죽어가는 주제에 남을 구원할 능력이 있겠느냐는 것이다. 대부분의 유대인이 예수님을 선뜻 믿지 못했던 가장 결정적인 이유가 바로 이것이다. '아니, 십자가에서 처형된 죄인 아냐?' 하며 거리낀 것이다. 헬라인들에게 복음은 비이성적이요 어리석음 그 자체였다. 그들이 아는 신들의 계보에도 없고, 철학적 배경도 없이 유대 나사렛이란 동네에서 활동하다가 십자가에 매달려 처형당한 자를 믿는 것 자체가 무분별한 광신으로 보였을 것이다.

이 시대 가장 척박한 선교지는 우리 자녀 세대다. 지금 자녀 세대들에게 필요한 것은 교회에서 주는 평안과 위로가 아니다. 바로 '힘'이다. 부모 세대에는 열심히 노력하면 개인의 재능과 역량만으로도 충분히 성공할 수 있었다. 그런데 이제는 꿈도 꿀 수 없는 시대가 되었다. 월급 300만 원으로 아이들을 키우며 10-20억짜리 아파트를 사기란 불가능한 일이다. 그래서 젊은 세대일수록 힘(power)을 더욱 갈망한다. 그래서 주식 및 부동산 투자에 열광하고, 영끌 대출과 유튜브(YouTube) 운영에 목숨을 건다. 그리고 언젠가는 당첨될 로또를 꿈꾸며 가슴 설레는 삶을 산다.

김 권사_ 처음에는 교회는 꼭 다시 다녀야 한다고 큰아들에게 엄청나게 권면했죠! 아들 내외가 영끌 대출로 무리해서 집을 산 후에 이자 내기조차 힘들다고 할 때부터는 교회의 '교'자도 꺼내지 못해요. 도움도 못 주는 상황에서 자꾸 눈치만 보여서요. 그런데 한번은 남편이 큰아들에게 전화하더니 "야! 무조건 이번 주일에 아버지 집으로 와!"라고 얘기하더라고요.

장로님에게 생각지도 못한 2,000만 원이 생기자 큰아들에게 전화한 것이다. 집에 온 큰아들에게 "이것 가지고 원금을 조금이라도 갚아!"라고 말했다는 것이다. 교회 다니라는 말은 부끄러운데, 왜 2,000만 원은 자신 있게 줄까? 돈이 큰아들 부부에게 실질적 힘이 되리라 생각하기 때문이다.

멸시받던 십자가가 능력이 되다

최근 CBS가 현재 교회를 잘 다니는 기독 청년 700명을 대상으로 자신에게 최고의 가치가 무엇인지를 묻는 설문 조사를 했다. 그중 돈이 최고의 가치라고 답한 청년은 92%였다. 또 40.4%는 성경 말씀을 지키며 살면 사회에서 성공할 수 없다고 응답했다. 한마디로 십자가의 능력이 없다는 것이다. 그래서인지 700명의 기독 청년 중에서 앞으로도 신앙생활을 유지하고 싶다고 말한 청년은 고작 53%였다. 그중 40%는 이제 교회를 안 나갈 것 같다고 대답했다. 그들은 대답을 통해 이렇게 질문하는 셈이다.

"돈보다 주식보다 로또보다 십자가가 어떻게 실제적인 능력이 될 수 있는가?"

바울은 이 질문에 이렇게 대답한다.

"복음에는 하나님의 의가 나타나서 믿음으로 믿음에 이르게 하나니"(롬 1:17).

왜 십자가가 능력일까? 인간의 재능이나 역량을 기초로 해서 나온 능력이 아니기 때문이다. 순간 기쁨을 얻고 나면 더 추락하는 마약 같은 세상이 주는 힘도 아니다. 절대자로부터 끊임없이 부여받는 진짜 힘이라는 것이다. 구원이란 말 자체가 애초에 인간의 능력이나 가능성에서는 파생될 수 없는 개념이다. 구원이란 전적으로 내가 아닌 누군가로부터, 이 세상이 아닌 절대자로부터 부어지는 능력이기 때문이다. 그래서 바울은 복음이 부끄럽지 않다고 말한다. 그 이유는 복음에는 인간의 능력이 아닌 하나님의 '의', 곧 힘이 나타났기 때문이다.

왜 복음에 나타난 하나님의 '의'가 헬라인이나 유대인이나 구원을 줄 수 있는 능력이 될까? 여기서 '의'로 번역된 헬라어는 '디카이오쉬네'다. 헬라의 철학자 플라톤은 디카이오쉬네를 정의(justice) 혹은 공정(righteousness)이란 뜻으로 많이 사용했다. 그래서 '의'라고 하면, 인간의 재능과 역량을 기반으로 한 선한 행위나 의지를 말하는 것처럼 오해할 수 있다. 하지만 우리가 하나님의 '의'라고 할 때는 그 의미가 구약의 히브리어 '쩨데크'

에 더 가깝다. '공의'로 번역되는 쩨데크는 인간의 의로운 행위를 뜻하는 것이 아니라, 어떠한 관계 속에 충족되는 의를 가리킨다. 20세기를 대표하는 구약 학자 게르하르트 폰 라트는 하나님의 의를 "스스로는 의로울 수 없는 인간이 하나님과 맺고 있는 관계 속에서 의롭다고 인정받거나 진짜로 의롭게 변화되는 능력"이라고 설명한다. 복음에 나타난 의가 능력이 있는 이유는, 그 의가 당장 우리에게 필요한 무엇을 주어서가 아니라 그 의가 부여해 주는 관계 때문이다.

자녀의 문제를 자기 돈과 힘으로 일방적으로 해결해 주는 부모가 자녀와 의로운 관계를 맺고 있는 걸까? 진짜 의로운 부모는 자녀의 연약함에 스스로 취약해진다. 자녀의 상황으로 내려가서 함께 아파하고 공감해 주기 위해서다. 이러한 부모와의 관계에서 자녀는 자기 힘과 가능성을 스스로 키우게 된다. 이것을 상담학에서는 강화(empowerment)라고 한다. 필요할 때마다 일방적으로 주는 힘은 중독성만 키운다. 중요한 것은 일방적인 힘 주기가 아니라 스스로 힘을 키울 기회를 주는 것이다. 이 기회를 제공하는 것이 의의 관계다. 연약한 자가 그 관계를 통해 스스로 점점 강하게 변화해 가는 것이다. 한마디로 물고기를 주는 것이 아닌, 물고기 잡는 법을 가르치는 것이다.

그럼 우리에게 제공하는 하나님의 의, 이 관계의 선물이 무엇일까? 바로 그리스도와의 연합이다. 선지자 이사야가 활동

할 당시에 이스라엘 백성들은 여호와께서 전능한 팔로 자신들을 이방 나라에서 구원해 주실 것으로 믿었다. 그런데 여호와께서 약속하신 그 전능한 "팔", 곧 힘은 누구에게 나타났는가(사 53:1)?

> "그는 주 앞에서 자라나기를 연한 순 같고 마른 땅에서 나온 뿌리 같아서 고운 모양도 없고 풍채도 없은즉 우리가 보기에 흠모할 만한 아름다운 것이 없도다 그는 멸시를 받아 사람들에게 버림받았으며 간고를 많이 겪었으며…"(사 53:2-3).

이사야는 누가 이런 자를 메시아라고 믿겠느냐고 반문한다. 십자가에서 멸시를 받은 자가 어떻게 모든 사람을 구원할 수 있는 하나님의 능력이 될까? 메시아는 우리의 허물과 죄악에 온전히 연합했기 때문이다.

> "그가 찔림은 우리의 허물 때문이요 그가 상함은 우리의 죄악 때문이라 그가 징계를 받으므로 우리는 평화를 누리고 그가 채찍에 맞으므로 우리는 나음을 받았도다"(사 53:5).

연합의 관계는 사랑하는 자가 일방적으로 맺는 언약 관계다. 내가 자격이 있어서가 아니라, 그가 나를 사랑하기 때문이다. 그래서 우리 허물 때문에 찔리시고, 우리를 고치기 위해 채찍에 맞으신다. 그 사랑의 힘은 세상이 주는 중독의 힘처럼 부풀었던 풍선이 꺼지듯 우리 자신을 더 쪼그라들게 하지 않는다. 오히려 아무것도 할 수 없는 무능력한 죄인인 우리가 바울처럼 "내게 능력 주시는 자 안에서", 즉 연합된 관계 속에서 "내가 모든 것을 할 수 있느니라"(빌 4:13)라고 고백하게 한다. 단순한 힘 주기가 아닌 강화(empowerment)이기 때문이다.

오직 나를 위한 능력

자신의 연약함을 딛고 일어나게 하는 진짜 능력은 초월성과 내재성을 함께 경험할 때 주어진다. 어렸을 때 아버지는 내게 초월적인 존재였다. 아버지는 인천에서 제법 큰 교회의 담임목사로 사역하셨다. 수많은 성도 앞에 하나님의 말씀을 선포하시던 모습, 송구영신 예배 때 아버지에게 기도를 받고 싶어 100m 이상 줄을 선 성도들이 아주 잠시의 기도만 받고서도 눈물 흘리던 장면은 어린 나에게 아버지를 초월적으로 여기기에 충분했다.

그런 초월자가 가족이 있는 집에 돌아오면, 내 아버지가 되신다. 그 초월적 능력자를 내 아버지로 독차지하는 것이다. 한 번은 내가 심한 감기에 걸렸는데, 열이 내리지 않자 밤새 나를 안고 기도해 주셨다. 그 초월자가 나의 연약한 삶에 들어와서 나와 완전히 연합하신 후 그 놀라운 사랑을 내게만 전부 쏟아 내시는 것이다. 내재적 사랑으로 말이다.

힘든 가정환경으로 축구를 포기했던 초등생이 있다. 누군가가 한 시간만 같이 연습해 보자고 연락이 와서 어쩔 수 없이 따라갔는데, 손흥민 선수가 나와 있다면 어떨까? 과연 손흥민 선수와 함께 연습한 후에도 축구를 포기할까? 강화(empowerment)가 일어난 것이다. 어느 날, 라디오로 어떤 청취자의 가슴 아픈 사연이 방송되었다. 마침 그는 BTS의 팬으로, 말하자면 '아미'였다. 방송이 끝난 후 그 청취자의 집에 벨이 울린다. 나가 보니까 BTS가 서 있다. 그들이 한 사람의 아미를 위해 단독 콘서트를 해 주겠다고 한다면? 놀라운 강화(empowerment)가 일어날 것이다. 우리는 복음을 통해 손흥민 선수나 BTS와는 비교할 수 없는 초월성을 내 삶에서 경험한 사람들이다. 이것이 복음의 능력이다. 사도 바울은 이 복음의 능력을 빌립보서에서 이렇게 표현한다.

"그는 근본 하나님의 본체시나 하나님과 동등됨을 취할 것으로 여기지 아니하시고 오히려 자기를 비워 종의 형체를 가지사 사람들과 같이 되셨고 사람의 모양으로 나타나사 자기를 낮추시고 죽기까지 복종하셨으니 곧 십자가에 죽으심이라"(빌 2:6-8).

전지전능하신 하나님은 재능 면에서나 역량 면에서나 한계가 있는 인간으로서는 감히 상상할 수 없을 정도로 무한하신 존재다. 그런데 그 능력자가 자신을 비워 종의 형체를 가지사 사람들과 같이 되셨다. 자기를 낮추시되 십자가에서 죽기까지 복종하셨다.

십자가는 가장 초월적 존재를 나의 가장 연약한 내재적 존재 속에서 경험하게 하는 매개체가 된다. 이 연합으로 우리는 가장 위대한 힘을 경험한다. 이 세상에서 우리를 가장 무능력하게 하는 것이 있다. '죄'다. 그래서 가장 거룩한 자가 가장 흉측한 죄인이 된다. 죽음을 알 수도 죽으실 수도 없는 분이 십자가에서 죽은 척하신 것이 아닌 진짜 죽으신 것이다. 사람과 같이 되어, 연약함과 죽음까지 내 삶 속에 완벽히 내재하며 함께 아파하시고 채찍질 당하신다. 진정한 의의 관계를 충족하시기 위해서다. 거룩한 하나님이 골고다 언덕에서 내 죄 때문에 찔리고 상하시면서 내 앞에서 사랑의 피비린내 나는 콘서트를 벌이고 죽으시는 것이다. 완전한 내재적 경험이 되는 것이다. 이 의의 관계를 통해 내 죄가 용서되고, 내 허물조차 하나님이 상용하시는 놀라운 능력이 되는 것이다.

이 연합의 관계를 바울은 이렇게 설명한다.

"만일 우리가 그의 죽으심과 같은 모양으로 연합한 자가 되었으면 또한 그의 부활과 같은 모양으로 연합한 자도 되리라"
(롬 6:5).

그가 우리의 죽음을 죽으셨기에 이제 그의 부활 승리가 나
의 부활과 승리가 되는 것이다. 이것이 복음에 나타난 '의'로 인
해 경험하는 강화의 능력이다. 그래서 우리가 그 능력을 이렇
게 고백하는 것이다.

'약할 때 강함 되시네!'

우리 힘으로는 도저히 견딜 수 없어 넘어질 때, 이제 우리 안
에서는 어떠한 가능성도 보이지 않아 포기하려고 할 때, 우리
는 이런 고백을 하는 것이다.

"누가 우리를 그리스도의 사랑에서 끊으리요 환난이나 곤고나
박해나 기근이나 적신이나 위험이나 칼이랴"(롬 8:35).
"그러나 이 모든 일에 우리를 사랑하시는 이로 말미암아 우리
가 넉넉히 이기느니라"(롬 8:37).

넉넉히 이기는 힘은 하나님과의 연합의 결과다. 물론, 우리
는 아직 죄악투성이고 가능성이 없는 자다. 이 연약한 자의 상
징이 바로 아브라함이다. 그는 이미 100세가 되었다. 아들을
낳을 가능성을 완전히 상실한 죽은 자다. 그런데 아브라함은

그런 죽음과 같은 상황에도 뭇별을 보았다. 하나님의 무한한 가능성을 본 것이다.

그래서 로마서는 끊임없이 그리스도와 함께 십자가에 못 박히라고 초청한다. 죽은 자가 되라는 것이다. 인간의 의로는 그 어떤 재능이나 역량이 없음을 인정하라는 것이다. 죽은 자가 되어야 진정 믿을 수 있고 이 믿음으로 진정한 믿음에 이르게 한다는 것이다(롬 1:17). 내 능력이 아닌 그리스도 안에 있는 하나님의 사랑으로 말미암아 넉넉히 이길 수 있고 풍성히 승리할 수 있다는 것이다. 그래서 내 능력으로 이룰 수 없는 선을 행하기도 하고, 용서할 수 없는 자를 용서하고 사랑할 수 없는 자를 사랑하기도 한다. 그렇게 믿음으로 온전한 성화를 이루어 가는 것이다. 이것이 진정한 강화(empowerment)다. 유대인이든 헬라인이든 모든 믿는 자에게 구원을 주시는 하나님의 능력이다.

"네가 하나님의 아들이면 십자가에서 내려와 자신을 구원해 봐!"

대제사장이 표적을 구할 때, 예수님은 십자가에서 내려올 필요도 없었다. 단 한 번의 눈 깜박임으로 그들을 던져 버리실 수도 있었다. 손가락만으로도 로마 병정들을 다 죽일 수 있으셨다. 그런 능력자가 도살장에 끌려간 양처럼 철저하게 무능력자가 되어 인간의 무덤으로 들어가셨다. 그리고 사흘 만에 그 무덤을 이기시고 나와서 사탄을 향해 "그래 십자가에서 나 하나 죽이는 것이 네가 할 수 있는 모든 능력이냐? 나는 그 십자가로 죽은 모든 것을 살려 내는데!"라며 멋있게 되치기함으로써 한판승을 거두셨다.

이 승리가 복음의 능력일까? 아니다. 가장 근사하고 놀라운 힘은, 그 놀라운 십자가(초월성)가 오직 나를 위한 사건(내재성)이라는 것이다. 그 전능한 하나님이 나 같은 연약한 자와 연합하셨다. 죄인인 나를 사랑하신다는 것을 전 우주적으로 확증하기 위해서다.

"내가 확신하노니 사망이나 생명이나 천사들이나 권세자들이나 현재 일이나 장래 일이나 능력이나 높음이나 깊음이나 다른 어떤 피조물이라도 우리를 우리 주 그리스도 예수 안에 있는 하나님의 사랑에서 끊을 수 없으리라"(롬 8:38-39).

김 권사_ 목사님! 제가 자녀들에게 진정한 신앙을 가르친 것이 아니라, 표적만 보여 준 것 같아요. 어릴 때 아이들에게 시험을 잘 보라고 기도해 주고, 시험 잘 보면 아이들 앞에서 하나님께 감사 기도를 드리곤 했는데, 그게 바로 표적이었네요. 아이들에게 최선을 다했다고 말하는 남편도 큰아들을 믿음으로 키우지 못한 것 같아서 후회하는 것 같아요. 저부터도 십자가를 교리적으로나 형식적으로만 이해했지, 십자가가 내 현실의 삶에 어떻게 구체적으로 힘을 줄 수 있는지는 생각을 안 해 봤거든 요? BTS가 우리 집에 와서 단독 콘서트를 한다고 하면, 아마 큰 아들네도 올 것 같은데요? 세상의 힘만 의지하는 우리 아이들 이 하나님의 사랑이 얼마나 크고 위대한지를 다시금 알았으면 좋겠어요.

이 목사_ 권사님이나 저나 자녀들에게 "너 때문이야! 십자가 사 건은 너 때문에 일어난 사건이라고!" 하며 선포해 주었으면 좋 겠어요. 그래서 "세상의 어떤 것도 너를 그리스도 안에 있는 하 나님의 사랑 안에서 끊을 수 없어! 다시 일어나렴! 너는 넉넉히 이길 수 있어!"라고 자신 있게 말해 주자고요. 우리 자녀에게 세 상에서 자투리 힘만 주는 부모가 아니라 그들이 세상에서 최 종 승리를 거둘 수 있는 믿음을 강화시키는 부모가 되자고요!

김 권사_ 네, 목사님! 그런데 솔직히 지금 당장은 자신 없어요. 우 선 저부터 그 믿음을 먼저 회복해야 할 것 같아요.

이 목사_ 맞아요, 권사님. 그런데 이미 로마서로 믿음의 삶을 새 롭게 시작하셨잖아요! 그러니 우리 끝까지 잘 가 봐요.

김 권사_ 감사합니다. 목사님! 기대가 돼요.

○

순리가 아닌 역리로
흘러가는 무능력한 세상(롬 1:18-32)

●

　진정한 능력은 '의'의 관계, 즉 그리스도와 연합된 관계에서 나온다. 그러면 인간이 경험하는 무능력과 자기 상실감은 어디에 기인한 것일까? 바로 이 연합의 관계가 틀어졌기 때문이다. 전능한 초월자가 나를 사랑하시기 위해 가장 낮은 자로 오신 그 사랑을 인정하기 싫은 것이다. 바울은 1장 18절부터 인간은 왜 스스로를 그 상실한 마음대로 내버려 두어 결국 죽어가는 무능력한 죄인이 되었는지를 설명한다.

　"또한 그들이 마음에 하나님 두기를 싫어하매 하나님께서 그들을 그 상실한 마음대로 내버려 두사 합당하지 못한 일을 하게 하셨으니"(롬 1:28).

그 무능력의 원인은 하나님과의 관계 부정에 있다. 그들의 마음에 하나님 두기를 싫어하는 것이다. 이것이 인간이 경험하는 모든 죄와 무능력의 원인이다. 그때부터 인간은 하나님이 주신 모든 것을 순리가 아닌 역리로 쓰기 시작한다.

절대자를 부인하고 싶은 마음

모든 인간에게는 하나님께 부여받은 거부할 수 없는 절대적 가치가 있다. 예컨대, 남을 죽이는 것은 죄다. 자녀는 부모의 사랑의 대상이지 착취의 대상이 아니다. 이런 명제들이 문화와 인종에 따라 달라질 수 있을까? 지금도 문화적 관습이라는 이유로 자기 자녀를 성적 대상물로 팔아넘기는 자들이 있다. 가치와 문화는 상대적이니 그럴 수 있다고 생각해도 좋을까? 동성애나 다자성애 같은 성적 성향은 절대적인 도덕적 가치로 규범 되는 것이 아닌, 개인의 평등한 법적 선택권으로 인정되어야 한다고 주장한다. 그렇다면 다른 성적 성향, 즉 소아성애나 근친상간도 서로 합의되고 다른 이의 자유를 침해하지 않으면 다 옳은 것이 될 수 있을까?

왜 현대인들은 이러한 절대적 가치와 규범을 못마땅하게 생각하는 것일까? 그 이면에는 하나님, 즉 절대자를 부인하고 싶은 마음이 있기 때문이다. 사도 바울은 하나님을 알 만한 것이

각 사람 속에 보이는 것은 하나님이 그들에게 보이셨기 때문이라고 말한다(롬 1:19). "나는 신을 안 믿어!"라고 말할 수 있으려면, 이미 '신'이라는 개념이나 하나님의 존재를 알고 있어야 한다. 이 세상에 무신론자는 없다. 불신론자만 있을 뿐이다. 사도 바울은 하나님이 만드신 만물, 이 창조 세계를 보면 누구라도 핑계하지 못할 것이라고 말한다(롬 1:20). 그렇게 우리 인간은 하나님을 알되 하나님을 영화롭게도 아니하고(롬 1:21), 심지어 하나님을 마음에 두기조차 싫어한다(롬 1:28). 관계를 부정하고 싶은 것이다.

요즘 2030세대에 절대적으로 영향력을 미치고 있는 조던 B. 피터슨 교수는 현대인들이 절대자를 부정하는 이유에 대해 이렇게 설명한다. 신이 없다는 것은 이 세상에 절대적, 초월적 가치가 없다는 것이고, 그러면 인간은 스스로 자신의 재능과 역량으로 무엇이든지 원하는 대로 다 할 수 있는 절대적인 힘을 지닌 존재로 여길 수 있다는 것이다. 물론, 무신론자들은 신이 없어도 인간은 스스로의 지혜, 즉 이성을 통해 서로 공존하며 조화로운 삶을 살 수 있다고 믿는다. 과연 그럴까?

중세와 전근대까지 세상의 가치와 중심은 신, 즉 하나님이었다. 모든 인간은 이 하나님의 뜻에 절대적으로 순종해야 했다. 문제는 이 하나님의 절대적 뜻을 가톨릭교회와 사제들을 통해 경험할 수밖에 없었다는 것이다. 자연히 교회와 사제는 절대적인 권력을 누렸고 일반 백성은 철저히 억압받는 삶을 살아야 했다. 그래서 근대 철학자들이 왜 인간은 이렇게 억압받고 살고 있나 따져 보니 그 원인이 신이라는 것이다.

"신이시여, 이제 제발 인간이 인간답게 살아갈 자유를 주세요. 우리도 스스로 생각하고 선택하고 가치를 만들어 갈 능력이 있다고요. 이제 그만 죽어 주시면 안 될까요?"

그래서 니체는 신은 죽었다고 말한다. 그래야 인간이 제대로 생각하면서 살 수 있기 때문이다. 이것이 데카르트의 "나는 생각한다. 고로 존재한다"(I think, there I am)라는 명제가 나오게 된 배경이다. 신을 죽이고, 세상의 중심 자리에 하나님 대신 '생각하는 존재'인 나를, 바로 인간의 이성을 놓은 것이다.

꼬리에 꼬리를 무는 역리

이제 스스로 생각하기 시작한 인간은 르네상스를 경험하고 과학 기술을 발전시켜서 산업혁명을 이루어 낸다. 이때까지만 해도 인간은 스스로의 지혜로 조화로운 사회를 만들어 낼 수 있다고 자부했다. 그런데 산업화 이후에 인간은 하루에 10시간 이상 똑같은 일을 반복하는 일종의 기계 부품이 되어 버린다. 인간의 역할이 그 물건의 가치를 만들기 위한 기계적 수단으로 전락해 버렸다. 인간의 가치가 역리된 것이다. 산업혁명 당시

아이들의 가치를 사랑의 대상이 아닌 노동 가치로 인식한 부모가 실제로 많았다. 산업혁명 이후 대량생산과 시장 확보가 필수가 됨에 따라 인류는 식민지 쟁탈전을 시작한다. 공존과 조화를 위해 하나님과 교회의 권력으로부터 해방된 인간들이 서로를 식민지화하는, 즉 종으로 억압하는 역리의 사회를 만들어 버린 것이다. 일본처럼 우리나라를 산업화해 준다는 이성적 논리를 내세우면서 말이다.

그렇게 내 생각을 절대화하여 수많은 타인을 자기 생각에 종속시키는 역리는 무엇으로 이어질까? 타인들의 존재 방식도 내 생각(I think)대로 되어야 한다고 주장하는 마르크스·레닌주의, 나치주의 같은 전체주의자다. 전체주의자들은 자신의 생각만 절대적으로 옳다고 주장하며 다른 생각과 문화와 배경을 가진 사람을 극도로 혐오하고, 심지어는 죽여도 된다고 생각한다. 아니, 그것이 옳다고 스스로를 합리화한다. 그래서 나치는 유대인 대량 학살조차 의로운 행위로 둔갑시키고 히틀러를 추앙한다. 역리다. 그 결과, 제1차, 2차 세계 대전이 발발했다. 이제 인류의 삶의 목표가 공존과 사랑이 아닌 서로 죽여야 내가 살게 되는 살인의 광기가 가득한 세계가 된다. 역리다. 과학 기술의 목적이 인간을 살리는 것이 아닌 죽이는 것이 되고, 인류는 서로를 완전히 멸망시키는 핵전쟁으로 치닫는다. 역리다. 핵전쟁으로 인류의 공멸 위험성을 경험하고야 비로소 지성인들은 인간의 광기가 어디에서부터 시작되었는지 반추하기 시작한다.

근본 문제는 복음에 나타난 '의'의 관계를 인간 스스로 깨뜨린 데 있다. 그렇게 하나님을 없애 버리고, 그 자리에 인간의 이성(I think)을 절대화했기 때문이다. 하나님은 사람마다 독특하고 다양한 능력을 선물로 주셨다. 사람의 재능과 역량은 특별한 기준으로 제한되거나 일반화될 수 없다. 그 다양한 은사로 서로 공존하는 화평의 나라를 세우라는 뜻이다. 그런데 인간은 자신에게 주어진 능력(ability)을 과신하기 시작했고, 급기야 그것을 절대적인 힘(power)으로 바꾸어 버린 것이다. 하나님의 절대성을 무너트리고, 그 자리에 인간의 이성과 권력을 최고의 가치로 둔 것이다. 이 역리의 결과가 무엇일까?

"또한 그들이 마음에 하나님 두기를 싫어하매 하나님께서 그들을 그 상실한 마음대로 내버려 두사 합당하지 못한 일을 하게 하셨으니"(롬 1:28).

바로 자기 상실이다. 스스로의 역사를 잃어버리고, 자기의 존재 가치를 잃어버린 것이다. 인간이 경험할 수 있는 가장 큰 무능력이다. 서구 문명이 수천 년 동안 쌓아 올린 철학과 지식, 도덕과 문화는 하나님이란 절대적 가치를 근본으로 해서 쌓아 놓은 것이다. 그래서 조던 B. 피터슨은 하나님을 밀어내는 것은 그 인류의 모든 역사와 문화 그리고 도덕적 기반을 송두리째 무너지게 하는 것이라고 말한다.

창조자가 없다는 것은 내 삶에 그 어떤 고귀한 목적도 없다는 뜻이다. 온통 우연 덩어리라는 것이다. 인간은 이 상실감을 무엇으로 대체할 수 있을까? 하나님은 사랑이시다. 하나님을 마음에 두기 싫어하는 것은 이제 내 인생에서 사랑이란 것을 아예 삭제하고, 절대로 경험하지 않고 살아가겠다는 것이다. 하나님을 밀어낸 순간, 하나님과의 의의 관계를 깨 버리는 순간, 우리는 존재의 가치와 삶의 목적을 동시에 잃어버렸다. 그 상실한 마음에 어찌할 바를 모르는 것이다. 그러면 그 빈자리에 뭔가를 가능한 한 빨리, 내가 의지할 수 있는 확실한 것으로 대신 채워 넣어야 한다.

역리가 부른 결과

바울은 이것을 '우상 숭배'라고 한다.

"스스로 지혜 있다 하나 어리석게 되어 썩어지지 아니하는 하나님의 영광을 썩어질 사람과 새와 짐승과 기어 다니는 동물 모양의 우상으로 바꾸었느니라"(롬 1:22-23).

섬기는 대상을 바꾸었다. 하나님의 영광을 인간이 다스려야 할 썩어질 동물의 형상으로 바꾼 것이다. 이 역리가 부르는 결과가 하나님이 그들 마음의 정욕대로 더러움에 내버려 두시는 것이다(롬 1:24). 부끄러운 욕심에 내버려 두시고(롬 1:26), 상실한 마음대로 내버려 두신다(롬 1:28). 이제 그 빈 공간에 돈을 채우면, 돈 때문에 부모 형제조차 버릴 수 있는 자가 된다. 그 상실한 마음으로 쾌락을 좇다 보면, 부끄러운 욕심에 내버려져서 남자가 순리가 아닌 남자에게 쾌락을 얻는 역리의 삶을 살게 된다(롬 1:27).

우리가 하나님 두기를 싫어하여 하나님의 자리를 썩어질 우상으로 대체하는 순간, 우리의 모든 삶은 순리가 아닌 역리가 지배하기 시작한다. 하나님과의 연합 관계를 우상이 주는 세상 힘과 바꾼 것이 가장 근본적인 죄다. 동성애는 그로 인해 나타나는 하나의 결과인 것이다.

"내 백성이 두 가지 악을 행하였나니 곧 그들이 생수의 근원되는 나를 버린 것과 스스로 웅덩이를 판 것인데 그것은 그 물을 가두지 못할 터진 웅덩이들이니라"(렘 2:13).

그래서 상실하고 허망한 마음으로 쾌락을 채우지만, 만족은 없다. 절대적 가치가 되시는 하나님을 상실한 채 포스트모던

시대에 살아가는 현대인들을 가리켜 이 시대 철학자들은 만족
을 경험해 보지 못한 채 파편처럼 부분적인 경험만 하는 조각
난 자아라고 말한다. 그래서 현대인들은 그 하나님의 자리에
그럴듯한 어떤 주의(ism)를 대신 모셔 놓고 우상처럼 더더욱 떠
받들며 살아간다. 조던 B. 피터슨은 《질서 너머》에서 거짓 우
상에 관해 이렇게 말한다.

"마르크스·레닌주의와 나치즘을 받아들이는 건 아니지만,
오늘날 세계에는 보수주의·사회주의·페미니즘을 비롯한 모
든 종류의 인종 및 젠더 사상·포스트모더니즘·환경주의 등
의 각종 '주의'(ism)들을 믿는 사람이 여전히 있다. … 이러한 이
데올로기가 현실에 적용될 때 지금까지 쌓아 올린 지식은 힘
을 잃고 거짓된 환상이 세상을 지배한다"(조던 B. 피터슨, 《질서 너
머》, 웅진지식하우스).

우리는 세상의 다양하고 복잡한 가치와 문제들 속에 더불어
살고 있다. 유튜브나 미디어를 보면, 단편적 진리로 모든 문제
를 덧씌운 채 간편하게 사는 사람들을 종종 본다. 가장 지혜로
운 척은 하지만 결국 부모도 자식도 남이고, 돈이 최고라는 철
저한 자본주의 논리로 사는 사람들이다. 성별로 선악을 나누
는 잘못된 페미니즘, 기계적 평등을 선으로 보는 진보주의도
마찬가지다. 주위에 이런 사람들이 있다면 그들의 삶에 무엇
이 가득한지 보라.

"곧 모든 불의, 추악, 탐욕, 악의가 가득한 자요 시기, 살인, 분
쟁, 사기, 악독이 가득한 자요 수군수군하는 자요 비방하는 자
요 하나님께서 미워하시는 자요 능욕하는 자요 교만한 자요 자
랑하는 자요 악을 도모하는 자요 부모를 거역하는 자요 우매한
자요 배약하는 자요 무정한 자요 무자비한 자라"(롬 1:29-31).

사랑의 순리가 불편한 사람들

이 세상의 모든 이치 중에 가장 근본적인 순리가 있다. 세
상의 물리는 중력의 법칙이 지배한다는 사실이다. 물은 높은
곳에서 낮은 곳으로 흐르면서 이 땅의 모든 생명을 살게 한다.
사람은 무엇으로 사람답게 살게 되는가? 사랑 역시 가장 높은
데서 낮은 데로 흐른다. 그래서 사랑을 '내리사랑'이라고 한다.

복음이 왜 절대적 힘일까? 모든 사람을 살리고 구원하는 능
력이기 때문이다. 가장 높으신 분이, 가장 거룩하시며 전능하
신 절대자가 가장 낮은 곳으로 흘러내려와 가장 연약하고 추
악한 죄인이 되어 죽으셨다. 십자가는 가장 높은 초월적 존재
를 나의 가장 비참하고 낮은 존재 속에서 내재적으로 경험하
는 것이다. 그래서 가장 위대한 능력이다. 이것이 하나님이 죄
인을 더욱 사랑하실 수밖에 없는 이유다. 진짜 자녀를 사랑하
는 부모는 자녀들을 기계적으로 똑같이 평등하게 사랑할 수 없

다. 아프고 연약한 자녀에게 사랑이 더욱 넘치게 흘러가기 때문이다.

그래서 어떤 사람은 이 사랑의 순리와 흐름이 불편하다. 빛이 어두움을 비추는 것처럼, 나의 허물과 연약함을 마주해야 하기 때문이다. 그래서 그 사랑의 흐름을 거부하는 것이다. 복음에는 하나님의 의가 나타나지만(롬 1:17), 불의로 진리를 막는 사람들에게는 하나님의 진노가 나타나는 법이다(롬 1:18).

"불의로 진리를 막는 사람들"(롬 1:18)의 불의와 경건하지 않음(godless)은 하나님을 마음에 두기 싫어함을 드러낸다. 그들의 불경건함과 불의가 위대한 사랑의 흐름을 막는 것이다. 낮은 곳에 있는 자신의 모습이 적나라하게 드러나기 때문이다. 하나님의 은혜나 사랑보다는 지금 내게 필요한 돈이나 우상을 채우는 것이 더 시급한 것이다. 나의 재능(ability)과 지혜를 근거로 세상이 주는 여러 매력적인 주의(ism)로 사는 나의 가능성(capacity)이 더 그럴듯해 보이기 때문이다.

동성애자뿐 아니라 본질적 진노의 대상은 그 십자가의 사랑과 진리를 막고 스스로 자기 존재 챙기기에 집중(all-in)하는 사람들이다. 진노란 다름 아닌 그 상실한 마음대로 내버려 두시는 것이다. 이것이 인간이 경험하는 가장 심각한 무능력이다. 그래서 나중에는 순리가 역리가 되어도 옳다고 주장한다.

"그들이 이 같은 일을 행하는 자는 사형에 해당한다고 하나님
께서 정하심을 알고도 자기들만 행할 뿐 아니라 또한 그런 일
을 행하는 자들을 옳다 하느니라"(롬 1:32).

김 권사_ 목사님! 듣고 보니, 제 안에 있는 무기력증의 원인이 무
엇인지 알 것 같아요. 역리요, 역리! 제 마음의 중심에 하나님보
다 자녀의 성공을 최고의 가치로 두었기 때문이네요. 언제부터
인가 큰아이가 그렇게 된 것이 우리 부부 때문이라는 자책이 들
기 시작했어요. 큰아이가 돈이라는 우상에 빠져 있게 된 것이
우리 부부가 먼저 우상 숭배에 빠져 있었기 때문 아닐까요? 우
리 마음의 중심에서 하나님을 밀어내고, 세상적인 성공만을 아
이에게 가르쳤던 것 같아요. 하나님이 주시는 의의 관계가 아이
들에게 역사할 기회조차 없었네요. 하나님이 우리 큰아이를 있
는 그대로 사랑하고 계심을 전하지도 표현하지도 못했어요. 하
나님의 자리에 아들들을 우상처럼 받들고 살다가, 이제는 그 아
들들까지 잃게 생긴 것 같아요.

이 목사_ 권사님! 그렇게 자책할 필요는 없으세요. 권사님이 다
시 하나님과 친밀해지시면 돼요! 나이아가라 폭포는 크고 긴
강물과 연결되어 있다고 해요. 그 강을 보면 깃발이 꽂혀 있거
나 줄이 매여져 있는 곳이 세 군데 있다고 합니다. 첫째는 '여기
까지 왔다면 이제 노를 저어야 올라갈 수 있다.' 둘째는 '여기까

지 왔다면 이제 모터보트를 타야 올라갈 수 있다.' 마지막으로 '여기가 강을 거슬러 올라갈 수 있는 마지막 지점이다. 이 경계를 넘으면 이제는 돌이킬 수 없다'라고 씌어 있다고 합니다. 그런데 1년에 평균 몇 명은 그대로 흘러내려 가서 폭포에 떨어져 죽는다고 합니다.

권사님! 우리 인간은 '조금만 더, 여기까지만' 하다가 그냥 떨어질 수 있는 존재예요. '내가 매일 십자가 앞에 더 가까이 가오니!' 이렇게 고백하며 하나님과 친밀해져야 하는 것은 신앙생활의 옵션이 아니에요.

김 권사_ 목사님! 하나님과 친밀해지는 좋은 방법이 구체적으로 무엇일까요?

이 목사_ 간단하면서도 확실한 방법이 있어요!

김 권사_ 정말이요?

이 목사_ 매일 아침 일어나서 기도하시죠? 기도하실 때 그냥 기도하지 마시고, 감사 노트를 써 보세요. 매일 감사한 것을 3개씩만 적어 보세요. 그리고 기도해 보세요. "아무것도 염려하지 말고 다만 모든 일에 기도와 간구로, 너희 구할 것을 감사함으로 하나님께 아뢰라"(빌 2:6). 그러면 어느새 권사님 마음의 중심에 하나님이 싹 자리 잡기 시작하실 거예요. "그리하면 모든 지각에 뛰어난 하나님의 평강이 그리스도 예수 안에서 너희 마음과 생각을 지키시리라"(빌 2:8). 우리는 하나님의 사랑으로 힘을 얻

지 않으면, 세상이 주는 힘에 금방 중독되지요. 감사가 바로 중

독의 해독제예요.

○

구겨진 마음을 다시 펼치는 힘,
마음 근력(롬 2:1-3:8)

●

어렸을 적 우리 집은 아주 넉넉하지는 않았지만, 그렇다고 가난하지도 않았던 것 같다. 그런데 어머니는 내게 매우 엄격하셨다. 초등학교 시절 나는 한 교회에서 운영하는 사립학교에 다녔는데, 사립이라 다른 아이들은 다 교복을 입었는데 어머니는 교복과 비슷한 사복을 입혀 보내셔서 매번 학교 정문에서 복장 단속에 걸려 혼이 나던 기억이 난다. 어머니는 학교 갈차비만 주시고, 올 때 차비는 주시지 않아서 50여 분을 걸어와야 했다. 또 항상 보리밥에 김치를 싸 주셨기 때문에 사립학교라 비교적 부유한 환경에서 자란 아이들이 나를 많이 놀려 댔다. 심지어 동요 〈나의 살던 고향은〉의 음률에 맞추어 "이성조의 고향은 김치 공장장, 보리밥에 김칫국물 맛도 있겠다" 하고 노래를 부르곤 했다.

그러나 감사하게도 그런 일이 내게 상처가 되었거나 열등감을 느끼게 한 적은 없었다. 어린 시절 내 마음속에는 행복감이 가득했다. 그것은 아버지가 내게 주신 선물 때문이다. 선물이란, 내가 교회에서 경험했던 초월적인 담임목사님의 모습과 집에서 경험하는 아버지의 모습이 동일했다는 사실이다.

초월적 존재를 내재적으로 경험할 때

초등학교 시절 늘 부족해 보였는지, 가끔 아이들이 시비를 걸어올 때가 있었다. 어느 날 우리 반에서 좀 싸움을 한다는 아이와 다른 두 명이 계속 나를 놀려 댔다. 더 이상 참으면 안 된다는 생각이 들었는지 나도 모르게 책상을 들었다가 내리쳤다.

"너희들 학교 끝나고 남아!"

그 순간은 내 모습이 멋진 것 같았다. 그러나 금방 후회했다. 수업 5교시가 후다닥 지나갔고, 구경꾼들이 많이 남아 있었다. 그때, 내가 생각해도 참 멋있는 말을 했다.

"3대 1이니 장소는 내가 정한다!"

세 명을 끌고 익숙한 길로 향했다. 10분 거리에 있는 교회로 가는 길이다. 교회 화장실을 지나면 난로용 톱밥을 쌓아 둔 큰 방이 있었다. 길을 가는데 셋 중 한 아이가 물었다.

"야, 교회 되게 크다. 너 이 교회에 다니냐?"

"어! 우리 교회에서 제일 큰 목사님이 바로 내 아빠야!"

순간, 아이들이 움찔하는 것을 느낄 수가 있었다. 나도 왜 교회로 왔는지 정확히 기억은 안 나지만, 왠지 교회에서 싸우면 그래도 좀 덜 두려울 것 같다고 생각한 듯하다. 누가 내 아버지인 줄 다 아니까. 톱밥이 있는 광에 도착했는데 기세등등했던 세 아이가 확실히 풀이 죽어 있었다. 네 명이 서서 애매한 시간을 보내고 있는데, 갑자기 내 입에서 이런 말이 튀어나왔다.

"야, 우리 콜라나 마시고 하자!"

당시 콜라는 귀한 음료였다. 나는 아버지 방으로 가서 냉장고에 있는 손님 접대용 콜라와 전병을 가져왔다. 아이들이 신기한 듯 물었다.

"어디서 가지고 왔어?"

"어, 아버지 방에 많아!"

거기서 싸움은 끝났다. 어정쩡한 순간이 지나고, 싸움을 제일 잘하는 녀석이 잘 먹었다며 손을 털고 나갔다. 완벽한 내 승리였다.

나는 이렇게 '이 교회에서 제일 큰 목사님'을 바로 '내 아빠'로 누릴 수 있었고, 이런 내재적 경험이 내게 보이지 않는 큰 힘으로 강화되었던 것이다. 내가 대학원을 졸업하고 나서 진로를 바꾸면서까지 그렇게 되기 싫었던 목사가 된 결정적인 이유이기도 하다.

"돈을 잃으면 조금 잃는 것이고, 명예를 잃으면 반을 잃는 것이고, 건강을 잃으면 전부를 잃는 것이다."

이 격언을 암과 투쟁해 본 많은 환자는 이렇게 고쳐 말한다.

"건강을 잃으면 반만 잃은 것이지만, 마음을 잃으면 전부를 잃는 것이다."

주변 암 환자들 가운데 잘 버티다가 마음이 무너질 때 급격히 병이 나빠져 사망까지 이르는 경우를 종종 보게 된다. 세상 모든 남성의 사랑을 받았던 어느 유명 연예인의 목숨을 앗아간 것은 돈도, 질병도, 실패도 아니었다. 순간 마음이 무너졌기 때문이다. 굴지 대기업의 CEO가 하루아침에 사망한 것은 사업이 실패해서도, 건강을 잃어서도 아니었다. 한순간에 마음의 용기를 잃어버렸기 때문이다. 지금 당신의 마음은 안전한가?

수천 명에게 신적 존재 같은 담임목사를 독차지할 때, 손흥민 선수가 나만을 위해 함께 연습해 줄 때, BTS가 나만을 위한 단독 콘서트를 열어 줄 때, 돈이 많아져서, 병이 나아서 힘이 되는 것일까? 상실로 인해 쪼그라들었던 나의 마음의 심령이 다시 불끈불끈 힘을 내며 살아나기 때문이다. 나는 이것을 가리켜 '마음 근력'이라고 부른다.

대학 강의 마지막 수업 때마다 나는 학생들 앞에서 5만 원짜리 지폐를 사정없이 구겨 버리는 퍼포먼스를 벌이곤 한다.

"이제 너희가 사회에 나가면 계속해서 실패하고, 자신에게 실망해서 이렇게 구겨지고 찢길 텐데, 바로 그때 너희들의 인생을 결정하는 것이 뭔지 아니? 그 구겨진 마음을 다시 펼 수 있는 능력이야! 그게 바로 마음 근력이지! 펴면 여전히 5만 원인데, 구겨졌다고 버릴 사람이 있을까?"

구겨진 돈과 새 돈의 가치 차이는 0이다. 편의점에서 1,000원짜리를 5만 원짜리 신권으로 사든 구겨진 돈으로 사든 똑같이 49,000원을 거슬러 준다. 이처럼 구겨진 마음을 펴는 마음 근력은 누가 키울 수 있을까? 1등을 해 본 사람이 아니라, 성공해 본 사람이 아니라, 나의 연약한 모습 그 자체로 절대적 사랑을 받아 본 사람들이 가능하다.

바로 십자가 능력(power)을 경험한 사람들이다. 주님은 십자가에서 나의 실패와 죽음을 온전히 감당하시고 죽으신 후 부활하셔서 완벽히 승리해 놓으셨기 때문이다. 그래서 그분 안에 있다면, 이제 그와의 연합된 관계를 통해서 그분의 승리를 나의 승리로 경험할 것이기 때문이다. 그래서 어떤 싸움이나 어떤 상황이라도 끝까지 싸움을 버텨 낼 수 있는 마음 근력이 작용한다.

육신이 아닌 마음의 할례가 힘 있다

바울은 이 마음 근력을 가리켜 "마음의 할례"라고 부른다.

그런데 마음에 할례를 자랑하지 않고, 육신의 할례와 율법 조문에 있는 할례를 자랑하는 사람들이 있다. 바로 유대인들이다. 유대인들은 율법과 계명을 열심히 지켜서 그 율법과 법에 의해서 내가 "의롭다고" 인정받으려 했다. 그렇게 마음으로 하나님을 밀어내고 그 자리에 자신의 의로운 행위를 자랑하는 것이다. 나의 노력과 의지로 계명과 율법에 의해 의롭다고 인정받은 것이다. 하나님이 특별히 유대인들을 사랑하시어 거룩한 율법을 주셨다. 하지만 유대인들은 그 율법을 온전히 지키는 자신의 행위를 통해서 하나님의 선민이 된다고 생각했다.

반면에 헬라파 그리스도인들은 이런 유대파 그리스도의 생각과 행태가 너무 편협하다는 것이다. 하나님이 너희만의 하나님이냐? 하나님은 모든 사람에게 하나님을 알도록 하게 하는 보편적 통로를 주셨는데, 그것이 바로 인간의 지성과 지혜라는 것이다. 하지만 헬라인들도 마음에서 하나님을 밀어내고 자신의 '의'를 자랑한 것은 매한가지다. 열심히 노력하여 지혜를 깨닫고, 그 지혜로 살아가는 자를 '의롭다'고 생각한 것이다.

바울은 먼저 율법의 이로움에 관해 이렇게 말한다.

"유대인이라 불리는 네가 율법을 의지하며 하나님을 자랑하며 율법의 교훈을 받아 하나님의 뜻을 알고 지극히 선한 것을 분간하며 맹인의 길을 인도하는 자요 어둠에 있는 자의 빛이요

율법에 있는 지식과 진리의 모본을 가진 자로서 어리석은 자
의 교사요 어린아이의 선생이라고 스스로 믿으니"(롬 2:17-20).

유대인의 문제는 다른 사람은 잘 가르치는데 자신을 가르치
지는 못한다는 것이다(롬 2:21). 가르치기는 쉽지만, 가르친 대
로 사는 것은 어렵기 때문이다. 도둑질하지 말라고 선포하는
네가 도둑질하고, 간음하지 말라고 말하는 네가 간음하고, 우
상을 가증히 여기는 네가 신전의 물건을 도둑질하느냐(롬2:22-
23)? 심지어 율법을 자랑하는 네가 스스로 율법을 범하여 이방
인 중에서 하나님의 이름이 욕되게 하느냐(롬 2:24)? 남을 가르
치는 사람이 빠지기 쉬운 문제가 있다. 바로 직업화다. 오래 가
르치다 보면 특권 의식이 생긴다. 내가 남보다 잘 알아서 가르
친다는 것이다. 그러한 가르침이 오래되면 가르치는 내용과 본
질과는 상관없이 말만 하는 사람이 된다. 그렇게 자기 자신을
점점 상실해 버리는 것이다.

이것이 외식주의와 형식주의다. 예수님이 바리새인의 외식
을 누룩에 비유하며 조심하라고 말씀하신 이유다.

"또 너희는 기도할 때에 외식하는 자와 같이하지 말라 그들은
사람에게 보이려고 회당과 큰 거리 어귀에 서서 기도하기를 좋
아하느니라 내가 진실로 너희에게 이르노니 그들은 자기 상을

이미 받았느니라"(마 6:5).

바리새인들이 외식할 수밖에 없는 이유가 있다. 그 마음의 중심에 아버지를 잃어버렸기 때문이다. 그들의 마음이 텅 비었기에, 겉을 꾸미고 아버지가 아닌 사람에게 인정받기를 원하는 것이다.

그래서 예수님은 진짜 능력의 기도는 골방의 기도라고 말씀하신다.

"너는 기도할 때에 네 골방에 들어가 문을 닫고 은밀한 중에 계신 네 아버지께 기도하라 은밀한 중에 보시는 네 아버지께서 갚으시리라"(마 6:6).

예수님은 그 능력의 기도를 이렇게 시작하라고 하신다. "하늘에 계신 우리 아버지"(마 6:9). 하늘에 계신 그 초월자가 이 땅의 우리의 아버지란다. 그럼 모든 인생의 게임은 끝이다. 이 땅에서 모든 싸움의 승리는 보장되어 있기 때문이다. 한 교회의 담임목사는 비교도 안 되는, 하늘에 계신 그 하나님이 내 아버지인데, 무슨 부족함이 있겠는가? 마음의 역사가 진정한 역사다.

그래서 바울은 결론적으로 표면적 육신의 할례는 아무 능력이 없고, 마음에 하는 할례야말로 진정한 할례요 복음의 능력이라고 말한다(롬 2:28-29).

능력이 없으면 율법주의자가 된다

그렇다면 하나님은 왜 유대인들에게 율법을 주셨을까? 마음에 그 하나님을 사랑하기 위함이다. 이것이 유대인들이 매일 자녀들에게 가르치는 율법의 핵심이다.

"너는 마음을 다하고 뜻을 다하고 힘을 다하여 네 하나님 여호와를 사랑하라"(신 6:5).

사랑하기란 참 어렵다. 하지만 그냥 가르치기는 참 쉽다. 사랑하기 위해서는 그 전부(all-in)를 걸어야 하기 때문이다. 우선 마음을 다해야 한다. 그리고 뜻을 다하고 힘을 다하여 자신을 전부 내주고 사랑하는 것이다. 그런데 이스라엘 백성이 다른 나라들을 보니 하나님을 사랑하지 않아도, 싸움 잘하는 왕만 세워도, 힘 있는 군대와 풍요를 주는 우상만 있어도 잘 사는 것이다. 그래서 마음에 하나님 두기를 싫어하고 대신 그 마음에 이방 나라와 이집트의 군대를 의지한다. 그 결과, 마음에 하나님을 상실해 버린다. 율법을 받은 선택된 민족이라고 자랑은 했는데, 그 스스로 율법을 지켜서 거룩하게 살 능력은 없는 것이다.

그래서 유대인들은 율법 대신 '율법주의'를 선택한다. 자신이 만든 법을 절대화시켜 그 법을 지키는 대신 가르치는 자가 되는 것이다. 그들은 법을 지키기는 어려워도 가르치기는 쉽다는 것을 알았다. 나를 변화시키기는 진정한 능력을 소유하기는 어렵지만, 남을 정죄하기는 쉽다. 이것이 바로 율법주의다.

외식주의도 마찬가지다. 하나님의 말씀대로 거룩하고 온전하게 살 능력은 없는데 눈에 보이게 하기는 쉽다. 실천하는 것은 무척 어렵지만, 형식을 지키기는 상대적으로 쉽기 때문이다. 그리스도인이 되는 것은 어렵다. 그런데 기독교인이 되기는 무척 쉽지 않은가? 주일에 성경책을 들고 교회에 가기만 하면 된다. 그렇게 한 시간 거룩하게 예배드리고 안식일을 지키면 기독교인이 되고, 거기다가 십일조를 적당히 드리고, 남들 보란 듯이 봉사하면 좋은 교인이 된다. 그래서 직분과 온갖 타이틀도 얻는다.

그런데 교회에서 주는 온갖 타이틀이 세상의 실패 앞에 절망하며 마음의 문을 닫고 더 이상 방문을 열지 못하는 우리 자녀들에게 무슨 능력을 줄 수 있을까? 자녀들에게 기껏해야 한두 번 줄 수 있는 은과 금이 도대체 그들에게 무슨 능력이 되는가 말이다. 베드로처럼 "은과 금은 내게 없거니와 내게 있는 이것을 네게 주노니 나사렛 예수 그리스도의 이름으로 일어나 걸으라"(행 3:6)라고 외쳐 그들 스스로 일어나게 하는 능력은 어떻게 얻을 수 있는가?

마음의 할례로 자유를 얻는다

바로 마음에 하는 할례를 통해서다.

"오직 이면적 유대인이 유대인이며 할례는 마음에 할지니 영에 있고 율법 조문에 있지 아니한 것이라 그 칭찬이 사람에게서가 아니요 다만 하나님에게서니라"(롬 2:29).

할례를 처음 행한 사람은 로마서 4장에 나오는 아브라함이다. 남자의 생식기 포피를 베는 할례가 무슨 능력이 될까? 아브라함이 99세가 되자, '이제 이스마엘하고나 행복하게 살아야지' 하며 언약을 포기해 버린다. 그때 하나님은 "나는 전능한 하나님이라 너는 내 앞에서 행하여 완전하라"(창 17:1)라고 말씀하시며 언약의 증표로 할례를 요구하신다. 아브라함의 생식 기능은 이미 죽었다. 더 이상 자신의 능력(ability or capacity)으로는 아이를 낳을 수 없다. 생식기의 포피를 자른다는 것은 이제 인간적으로는 '끝났다, 죽었다'라는 뜻이다. "이제 내 힘으로는 어떤 가능성도 없지! 죽은 것이지!" 하고 인정하는 것이다. 그런데 동시에 하나님은 전능하신 능력으로 죽은 몸과 같은 아브라함에게 하늘의 별처럼 많은 자녀를 주겠다고 하신다. 이 언약의 표징이 할례다.

할례란 나의 죽음이다. 우리의 연약과 허물로 더 이상 스스로의 힘으로는 살아갈 수 없음이 판명되었다. 그런데 바로 그 죽음의 자리가 오히려 생명의 자리가 된다. 이것이 할례의 증표다. 전능자의 품에서 그와 함께한 죽음의 자리가 부활의 자리가 되는 것이다. 전능하신 하나님이 나의 죄와 온전히 연합하셔서 가장 흉악한 죄인이 되어 십자가에 못 박혀 죽으셨다. 인류 역사상 가장 초월적이고 신비롭고 경천동지(驚天動地)하는 사랑이 나를 위한 사랑이라는 것이다. 그리하여 율법 조문이 아닌 사랑의 언약이 내 마음에 새겨진다. 이것이 할례다.

마음의 할례를 받으면 외식과 형식에서 자유롭게 된다. 그리고 그리스도의 마음을 품으면 특권 의식에 빠져 있는 자라도 자신도 모르게 낮은 곳으로 마음이 흐르게 된다. 그렇게 이웃들의 연약함의 자리로, 형제의 절망의 자리로 마음이 흘러 함께 아파한다. 그럼 자신도 연약해지고 죽는 것 같지만, 그 죽음의 자리에서 진정한 생명을 경험하는 것이다. 그리스도와의 연합 속에서 경험하는 '의'의 능력은 언제나 이웃과의 연합된 삶을 통해 경험된다. 우리의 자녀와 이웃의 실패와 좌절과 절망

속에서 이렇게 함께 선포하는 것이다.

"그러나 이 모든 일에 우리를 사랑하시는 이로 말미암아 우리

가 넉넉히 이기느니라"(롬 8:37).

이렇게 고백하며 그들과 함께 일어나는 마음 근력을 얻게 되기를 소망해 본다.

○

죄의 바다에 빠졌을 때
필요한 힘(power)(롬 3:9-20)

●

　가끔 미디어와 뉴스에서 사회에 물의를 일으킨 목사님들을 볼 때, 솔직히 두려운 생각이 든다. '나보다 인격적으로나 목회적으로나 훌륭하고 유능하신 분들도 저렇게 넘어지는데 나 같은 사람은 정말 하나님의 은혜 아니면 불가능하겠다'는 고백이 절로 나온다. 그러다가도 아내에게 "그래도 나 정도면 괜찮은 목사 아니야?" 하고 너스레를 놓기도 한다. 우리는 다 이중적이다. 죄인임을 인정하며 자기 죄가 폭로되어 심판받을까 봐 두려워하는 동시에 이런 생각을 하기도 한다.

　'목사라고 다 똑같은 목사인가? 교인이라고 다 똑같은 교인이냐고? 그래 죄인이라고, 그런데 다 똑같은 죄인이냐고?'

　이렇게 이중적 시선에 갇힌 우리에게 바울은 선포한다.

"그러면 어떠하냐 우리는 나으냐 결코 아니라 유대인이나 헬라인이나 다 죄 아래에 있다고 우리가 이미 선언하였느니라 기록된 바 의인은 없나니 하나도 없으며"(롬 3:9-10).

혼자 힘으로 해 보겠다는 굳은 의지가 드러내는 것

권사님의 작은아들과 몇 번의 전화 심방 끝에 만남이 성사되었다. 교회의 청년부 회장 출신으로 선교와 봉사도 늘 앞장서서 하던 형제였는데, 결혼 문제로 교회를 나오지 않는다고 하니 권면은 해야 했다. 어떻게 이야기를 꺼내야 할지 고심하고 있었는데, 작정하고 왔는지, 작은아들은 마치 오랫동안 체한 음식을 토해 내듯 내게 이야기를 쏟아 냈다. 결혼 문제도 문제였지만, 무엇보다 형과 아버지에 대한 분노가 컸다. 그리고 막냇동생에 대한 부담감으로 많이 지쳐 있었다.

작은아들_ 목사님! 형은 부모와 형제 다 배반하고 떠났잖아요. 그런데 왜 내가 아직 형 때문에 피해를 당해야 하는지 모르겠어요. 형처럼 부모님을 배신하고 떠난다는 것도 아니고요. 다만 2-3년이라도 쉬었으면 좋겠어요. 쉼이 필요해요. 그리고 아내 될 사람에게 처음부터 어려움을 주기도 싫고요. 그런데 아버지는 "나가서 혼자 결혼한다고? 그래! 평생 부모 형제 버린 죄인으로 살아!"라고 하시더군요.

그는 아버지의 악담을 절대로 용서할 수 없다고 했다.

작은아들_ 제가 형이냐고요? 아버지 몰래 재산을 팔아먹은 것도 아니잖아요. 내가 왜 지금 나갈 수밖에 없는데요. 그 돈에는 저희 집값도 들어 있었어요. 어차피 지금 아버지가 전세금도 해주지 못하잖아요! 차라리 작은집에 월세라도 따로 사는 것이 나아요. 결혼하자마자 자매마저 집안의 갈등과 혼돈 가운데 있게 한다면 저희 관계도 힘들어집니다. 그런데 저보고 평생 죄인으로 살라고요? 땅 팔아먹고 연락을 끊은 형에 대해서는 한마디도 안 하세요. 어릴 적부터 늘 그런 식이었어요. 아무리 잘못한 일이 있어도, 형은 절대 혼을 내지 않고 늘 저만 뭐라 하시죠. 그런데 이건 정말 아니잖아요! 진짜 범죄자에게는 말 한마디 못 하면서, 그 죄는 그냥 모른 척하시고, 무조건 형수 잘못 만나서 그렇다고!

제가 한마디 했어요. "물론 제가 죄인이죠! 그런데 형같이 범죄자는 아니거든요! 그리고 남의 죄를 다른 사람에게 전가하는 사람보다는 나은 거 같네요!" 그러고는 나와 버렸죠. 적어도 3년간은 들어가지 않을 거예요.

어려서부터 막내에 돈이 많이 들어가서 저는 솔직히 학원 보내 달라는 말도 못 했어요. 병원비에 검사비에 각종 테라피까지! 요사이는 미술치료의 일환으로 그림을 배운다는데, 그림도 잘 못 그리는데, 솔직히 저는 왜 그 돈 들여서 미술 공부까지 시키는지 잘 모르겠어요. 돈 안 들이고 공부 잘하는 것이 효도하는 것 같아서, 학원 필요 없다고 하고, 죽기 살기로 공부했습니다. 솔직히 남들 다 다니는 학원 안 다니고 싶었을까요? 그런데 나중에 형이 유학시켜 달라고 하니까, 그냥 보내 주더라고요. 그때 조금 배신감 같은 것이 느껴졌습니다. 그리고 막내는 이제는 혼자서도 잘하는 것이 많아졌지만, 자폐라는 것이 어떤 일이 일어날지 모르거든요. 그래서 대기를 해야 할 때가 많은데, 부모님이 안 계실 때면 늘 제가 집에 와야 했어요. 친구들과 맘 편히 여행 한번 못 갔고요, 연애 한번 제대로 못 했습니다. 늘 제가 희생하고, 항상 제가 헌신했는데, 결국 저만 죄인이 되어 버렸네요.

이제는 신앙적으로도 회의가 느껴집니다. 어머니처럼, 저도 늘 동생에 대한 하나님의 뜻이 있다고 생각하고 기도했습니다. 열심히 교회 봉사도 했고요. 그런데 이제는 지쳤습니다. 하나 드는 생각은 결혼하자마자 아내에게까지 동생에 대한 부담감을 줄 수는 없을 것 같습니다. 이제는 정말 하나님의 뜻이 뭔지 모르겠습니다. 솔직히 관심조차 없어지는 것 같아요. 이제는 '좀 분리되고 싶다,' '잠시라도 쉬고 싶다'라는 생각뿐입니다. 요새 결혼 준비로 너무 바쁘기도 하고요.

그래도 주일 예배만큼은 빠지지 않았으면 좋겠다고 권면했다.

작은아들_ 주말에 투잡을 뛰고 있거든요! 반전세 자금이라도 구하려면 어쩔 수 없어요. 지금 정말 돈과의 전쟁입니다. 저를 도와줄 수 있는 사람은 하나도 없어요. 죄송합니다. 목사님!

죄송하다는 형제의 말은 단호했고, 차가웠다. 그 단호함에는 혼자 힘으로 해 보겠다는 굳은 의지가 있었지만, 그 차가움으로 형제의 마음 근력이 많이 무너져 있음을 느낄 수 있었다.

마음 근력이 약한 사람의 특징이 있다. 삶의 조건에 매우 민감하다. 자기 스스로에 대한 믿음이 없기 때문이다. 그래서 돈이 있어야, 적어도 반전세는 되어야 결혼할 수 있다는 조건에 스스로 구속된다. 그의 이야기로 그의 마음 근력이 왜 무너지고 있는지 알 수 있었다.

"늘 제가 희생하고, 항상 제가 헌신했거든요…."

내가 모든 것을 해야 하고, 그 노력을 근거로 하여 사는 사람들의 마음 근력은 생각보다 부실하다. 자신의 재능과 역량의 한계에 부딪혀 실패하고 나면, 다시 일어나기가 어렵다. 내 모든 힘을 다해 노력해도 실패했는데, 뭘 더 해 볼 수 있겠는가? 자신이 의인이라고 인정하기 어렵지만, 그렇다고 평생의 죄인이라는 것을 받아들이기는 싫다. 그래도 범죄자보다는 낫지 않는가 하고 자위한다.

죄의 바다에 빠져 수영하기

'큰 죄에 빠진 나를 주 예수 건지사'라는 찬송가 가사처럼, 죄를 짓는 것을 종종 '죄에 빠지다'라고 표현한다. 죄를 지었다는 것은 큰 바다에 빠진 것과 같다.

세 사람이 바다에 빠졌다. 가장 가까운 육지는 1만 km 떨어진 하와이 제도다. 한 명은 수영을 전혀 할 줄 모른다. 그는 당연히 바다에 빠지자마자, 즉 죄를 짓는 순간 버둥거리다 완전히 빠져버린다. 한 사람은 수영을 조금 할 줄 알아 팔을 열심히 허우적거리며 100m는 갔다. 그다음에는 파도에 휩쓸려 빠질 수밖에 없다. 마지막 사람은 장거리 수영선수다. 그는 무려 100m의 1,000배인 100km를 갔다. 그래서 살았을까?

모두 바다에 빠져 죽고 말았다. 그 세 사람 중에 우열을 가릴 수 있을까? 그래도 나는 남보다 1,000배를 더 갔다고 말하는 것이 의미가 있느냐는 것이다. 죄라는 한없이 깊고 거대한 세력에 한 번 빠지면 누구나 다 똑같이 죽는다. 제아무리 남

보다 의지력이 1,000배나 강하고, 도덕적이며, 노력한다고 해
도 차이는 없다. 그래서 바울은 "유대인이나 헬라인이나 다 죄
아래에 있다고 우리가 이미 선언하였느니라"(롬 3:9)라고 말하
고 있다.

마음의 동기와 성품이 온전히 하나님만을 향한 사람이 있을
까? 성경에서 하나님의 마음에 합한 사람이라고 유일하게 인
정받은 사람이 있다. 다윗이다.

"폐하시고 다윗을 왕으로 세우시고 증언하여 이르시되 내가
이새의 아들 다윗을 만나니 내 마음에 맞는 사람이라 내 뜻을
다 이루리라 하시더니"(행 13:22).

다윗의 마음이 하나님 보시기에 얼마나 선했는지 예수님조
차 다윗의 후손으로 보내신다. 다윗의 나라를 통해 하나님의
나라를 영원히 이루시겠다고 언약한다. 다윗은 자신을 아무 이
유 없이 죽이려고 하던 사울로 인해 젊음의 대부분을 광야에서
도망자로 살았다. 그런 다윗에게 사울을 죽일 수 있는 절호의
기회가 두 번이나 있었다. 부하들은 다윗에게 이것은 하나님이
주신 기회이니 하나님께 순종하라고 설득한다. 하지만 그 순간
에도 다윗은 마음의 동기를 살펴보았다.

그를 죽이는 것이 하나님께 순종하기 위함인가 아니면 지긋

지긋한 이 도망자의 삶을 끝내고 싶은 마음인가? 그 동기가 선명히 드러났다. 내 마음이 아닌 하나님의 마음에 합하고자 다윗은 자신의 리더십이 크게 흔들리는 상황에도 사울을 살려 준다. 인간 중에 유일하게 다윗만이 온전한 마음으로 하나님이 요구하시는 선에 한 100km쯤 간 것이다. 그 결과로 다윗이 구원받은 것일까?

나 같은 어리숙한 목사도 가끔 하나님의 은혜가 충만할 때면, 나를 음해하는 자들을 불쌍히 여기고 용서하는 마음이 생기기도 한다. 그런데 동시에 이런 마음이 드는 것이다.

"그래도 이 정도면 괜찮은 목사 아냐? 하나님, 제 중심을 아시죠?"

그렇게 1km 정도 열심히 수영하는 것이다.

다윗은 자신의 철천지원수조차 그 옷을 조금 베는 것만으로도 마음이 크게 찔려 했다. 하지만 죄인이라는 자신의 본질이 드러날 위기에 처하자 그는 괴물로 변한다. 자신을 희생하고 수많은 사람을 품던 그 넉넉한 다윗은 온데간데없이 사라져 버린다. 다윗은 단 하룻밤도 참을 수 없다. 우리야를 밧세바와 동침시키려 했던 다윗의 계획이 우리야의 충성심 때문에 수포로 돌아간 다음 날 아침, 다윗은 이 세상에서 가장 악랄하고 교활한 방법으로 자신의 충성스러운 부하를 죽여 버린다.

그런 다윗이 언제 죽음에서 구원받았을까? 사울을 용서했

을 때일까? 100km에 도달했을 때일까? 아니다. 선지자 나단
을 통해 자신의 정체가 완전히 폭로 당한 후 상한 심령으로 통
회 자복했을 때다. 그 고백이 시편이 32편과 51편이다.

> "주의 손이 주야로 나를 누르시오니 내 진액이 빠져서 여름 가뭄
> 에 마름같이 되었나이다 (셀라) 내가 이르기를 내 허물을 여호와
> 께 자복하리라 하고 주께 내 죄를 아뢰고 내 죄악을 숨기지 아니
> 하였더니 곧 주께서 내 죄악을 사하셨나이다 (셀라)" (시 32:4-5).

다윗은 그제야 비로소 무엇이 정직한 마음인지 깨닫는다.

> "너희 의인들아 여호와를 기뻐하며 즐거워할지어다 마음이 정
> 직한 너희들아 다 즐거이 외칠지어다"(시 32:11).

무엇이 하나님이 기뻐하시는 정직한 마음일까?

> "하나님께서 구하시는 제사는 상한 심령이라 하나님이여 상하
> 고 통회하는 마음을 주께서 멸시하지 아니하시리이다"(시 51:17).

사울을 용서했던 하나님 마음에 합한 행위로 인해 다윗이 예
수님의 조상으로 높임 받은 것이 아니다. 고작 양 한 마리 더

얻기 위해 충성스러운 우리야를 악랄하게 죽인 자신의 본질이
드러났을 때 비로소 다윗은 예수님과 상관있는 자가 되었다.
그때 통회하는 다윗의 마음과 하나님의 마음이 합했다는 것이
다. 자기 같은 죄인들을 위해서 십자가에서 자신의 독자를 속
죄 제물로 죽이셔야 하는 하나님의 상한 마음을 제대로 알 수
있었기 때문이다.

죄의 바다에서 건져지는 은혜

바울은 이제 인간의 마음과 생각이 어떻게 죄에 깊이 빠져
있는지를 폭로한 후에 그 죄가 어떻게 인간 사회를 광범위하게
부패하게 했는지를 고발한다.
그 첫째가 인간의 입이다.

"그들의 목구멍은 열린 무덤이요 그 혀로는 속임을 일삼으며
그 입술에는 독사의 독이 있고 그 입에는 저주와 악독이 가득
하고"(롬 3:13-14).

아마 우리는 이렇게 항변하고 싶을 것이다. '거짓말을 해도,
독사의 독 같지는 않습니다!' 캘리포니아 대학 제럴드 제리슨
교수의 연구에 따르면 보통 선량한 사람들은 평균 하루에 200

여 번의 거짓말을 한다고 한다. 이는 평균 8분에 한 번꼴로 거짓말을 하는 셈이다. 특히 처음 만난 사람과의 10분 대화에서 20여 번의 거짓말로 자신을 포장한다고 한다. 자신의 본성을 감추기 위해서다.

목구멍이 열린 무덤이라는 것은 보이는 것은 멀쩡하지만, 속은 시체가 썩고 있는 무덤과 같다는 것이다. 그런데 그 무덤이 열렸다. 그럼 부패한 냄새가 진동하는 것이다. 요새 침묵은 금이라는 말이 참 실감이 난다. 입을 열면 내 속에서 부패하고 거짓된 것들이 드러날까 두렵다. 우리가 말이 많아지는 이유는 진짜 내 모습은 감추고 싶기 때문이다.

두 번째가 발이다.

"그 발은 피 흘리는 데 빠른지라"(롬 3:15).

우리는 꽤 다른 사람의 허물에 관대한 것 같다. 그래도 포용적이고 기다려 줄 수 있다는 환상에 빠진다. 그런데 다윗처럼 우리의 숨겨진 허물이 폭로될 상황에 부닥치면, 우리 발은 참지 못한다. 피를 부르는 보복의 길로 바로 들어간다. 그러니 평강의 길을 알 길이 없다. 이 모든 죄악의 근원은 바로 인간과 하나님의 틀어진 관계에 있다. 그래서인지 그들은 눈앞에 계신 하나님을 두려워하지 않는다(롬 3:18). 스스로의 계명과 도덕과

76

지혜로 완전한 선과 의에 도달할 수 있다고 생각하기 때문이다. 1만 km를 수영할 수 있다고 자신한 것이다.

이 자신감이, '그래? 그러면 한번 1만 km를 수영해 보라'(롬 3:19)는 바울의 말로 무참히 무너져 버린다. 율법과 계명을 지켜서 하나님께 도달할 자신이 있으면 진짜 해 보라는 것이다 (롬 3:20).

그때 비로소 열린 무덤처럼 말이 많았던 우리 입이 닫힌다. 말문이 막힌다. 100km쯤 겨우 가서 더 이상 팔을 움직일 힘조차 없는데 지금 온 거리의 100배는 족히 더 가야 한다. 이 불가능성 앞에 말문이 닫히는 것이다.

기독교의 구원과 성화를 마치 점증적 변화와 성숙의 과정으로 착각하는 분이 많다. 그래서 100m 가고 1km를 갔다고 스스로 변화된 모습에 뿌듯해한다. 신앙은 우리의 힘과 노력으로 변화되고 성숙하는 과정이 아니다. 죄로 인해 이제는 죽을 수밖에 없다고 통회하는 그 마음의 할례를 받을 때, 전적인 하나님의 능력으로 건져 냄을 받는 선물이다. 율법으로는 그 율법의 기준에 전혀 도달할 수 없는 연약한 자기 모습만 발견할 뿐이다.

"이는 모든 입을 막고 온 세상으로 하나님의 심판 아래에 있게 하려 함이라"(롬 3:19).

구원이라는 뜻 자체가 빠져 가는 것을 건져 낸다는 것이다. 바다에 빠졌다면 살아날 길은 단 하나다. 누군가가 나를 건져 내는 것이다. 빠지는 중력의 힘보다 더 강력한 배의 부력이나 모터보트의 힘을 이용하여 나를 건져 내는 것이다. 1m를 가든, 100m를 가든, 아니면 100km를 수영해 가든 별 차이가 없다. 누군가가 배를 타고 와서 나를 끌어내는 방법 외에는 없다. 내가 더 낫다고 할 수 없다는 것이다.

그런데 어떤 사람들이 나는 그래도 100km를 수영했는데, 어떻게 바로 건진 사람하고 몇 날 며칠을 수영하며 버틴 나를 똑같이 취급하느냐고 따진다. 나는 포도원에 와서 8시간 일했는데, 왜 1시간 일한 사람과 똑같이 한 데나리온을 주느냐는 것이다. 늘 희생과 헌신은 내가 하는 데 자신을 왜 죄인 취급하느냐며 불평하는 것이다. 이 불평하는 사람이 알 수도 경험할 수도 없는 것이 있다. 바로 복음의 능력이다. 바다라는 그 깊고도 넓은 파고 속에서 도저히 스스로 빠져나올 수 없는 나를 위해 그 바다보다 더 깊고 강력한 힘으로 죽음의 파도에서 건져 주시는 전적인 은혜다. 마음 근력이 단단하다는 것은 이 은혜에 깊이 빠져 있다는 것이다.

큰 죄에 빠진 나를 주 예수 건지사
그 넓은 품에 다시 품으신 은혜는

저 바다보다 깊고 저 하늘보다 높다

그 사랑 영원토록 나 찬송하리라

날로 더욱 귀하다 날로 더욱 귀하다

한이 없이 넓은 우리 주의 사랑 날로 더욱 귀하다

_새찬송가 295장 <큰 죄에 빠진 나를>

사랑의 바다에 빠져 보라

죄도 능력이 있다. 고발하고 정죄하는 것이다. 죄는 결국 드러나기 마련이고, 죄인은 한없이 부끄럽게 되어 돌에 맞아 죽어야 한다. 마땅하지만, 한편으로는 너무 끔찍하다. 그래서 다윗처럼 이 죄의 세력 앞에서 우리의 입은 열린 무덤이 되고, 우리의 발은 피 흘리는 데 빠르게 된다. 이 죽음이 바다의 실체인 것이다. 그런데 모든 인간을 죽음으로 수장시키는 바다보다 더 넓고 깊은 세계가 있다. 죽음을 알지 못하는 모든 생명의 근원 되신 하나님이 우리가 맞아야 하는 그 정죄함의 돌들을 십자가에서 다 맞으신 것이다.

"우리가 아직 죄인 되었을 때에 그리스도께서 우리를 위하여 죽으심으로 하나님께서 우리에 대한 자기의 사랑을 확증하셨느니라"(롬 5:8).

당신은 지금 어떤 세계에 빠져 있는가? 바다인가, 한없이 깊은 하나님의 사랑인가? 우리는 어떤 면에서 둘째 아들과 같다. 죄에 빠져 있는 우리를 구원하시기 위해 하나님이 십자가로 찾아오셨는데 아직도 내가 스스로 수영해서 도달할 수 있다고 열심히 수영하고 있는 것이다. 바울은 이 세상에 그 어떤 "피조물이라도 우리를 우리 주 그리스도 예수 안에 있는 하나님의 사랑에서 끊을 수 없으리라"(롬 8:39)라고 선포한다.

그런데 그 하나님과 죄인 사이를 가로막는 것이 딱 하나 있다. 나는 조금 낫다는 환상이다. 어떻게 교인이라도 같은 교인이고, 죄인이라도 똑같은 죄인이냐며 항변한다. 이들은 나는 100km 수영했다는 자신의 행위에 사로잡혀 하나님이 내미시는 손을 차갑게 거절한다.

○

속량, 길이 참으심의 힘(롬 3:21-31)

●

의(righteousness)는 인간의 재능(ability)이나 잠재적 노력(capaic-ty)을 근간으로 하는 행위적 개념이 아닌 관계적 개념이다. '의'를 뜻하는 헬라어 '디카이오쉬네'는 하나님과 인간 사이의 관계가 요구하는 것을 성실하고 완벽하게 수행해 내는 상태를 말한다. 죄인이 된 인간이 하나님이 요구하시는 완전성에 도달할 방법은 없다. 1만 km는 도저히 수영할 수 없는 거리다. 그래서 나타난 것이 있다.

"이제는 율법 외에 하나님의 한 의가 나타났으니 율법과 선지
자들에게 증거를 받은 것이라"(롬 3:21).

이처럼 의가 우리를 구원하는 방식을 사도 바울은 '속량'이

라고 한다.

"그리스도 예수 안에 있는 속량으로 말미암아 하나님의 은혜
로 값없이 의롭다 하심을 얻은 자 되었느니라"(롬 3:24).

'속량'이란 누군가 대신 값을 지불하고 노예 상태에서 풀어
주는 것을 말한다. 고대 시대에는 빚 때문에 노예로 팔려 가는
것이 매우 흔한 일이었다. 노예는 열심히 일하여 돈을 벌어도
그 돈이 주인의 것이 된다. 한번 노예가 되면 아무리 열심히
노력해도 스스로의 힘(ability)으로는 노예 상태에서 벗어날 능
력이 없는 것이다. 그때 친척이나 형제가 큰돈을 지불하여 대
신 그 빚을 청산해 주는 것을 속량이라고 한다. 속량을 받는 자
의 입장에서는 값없이 자유를 얻었지만, 값싼 은혜는 아니다.
속량하는 자의 입장에서 보면 엄청난 값을 치렀기 때문이다.

하나님은 왜 죄를 간과하실까?

바울은 그리스도의 속량을 통해 우리가 의롭게 되는 과정을
로마서 3장 25-26절에 자세히 기록한다.

첫째, 예수를 하나님이 그의 피로써 믿음으로 말미암는 화
목제물을 세우신다.

둘째, 그리고는 하나님이 길이 참으시는 중에 전에 지은 우리의 죄를 간과하신다.

그 결과, 먼저 자기의 의로움을 나타내시고 예수 믿는 자도 의롭게 하신다.

이 속량 과정에서 가장 핵심은 길이 참으시는 중에 우리의 죄를 간과하시는 것이다. 하나님에게 유일하게 불가능한 것이 있다면, 그것을 죄를 간과하시는 것이다. 스스로 공의의 하나님이심을 부인하는 것이기 때문이다. 이 세상이 지금까지 버티고 존재하는 것은 하나님의 '의'라는 근본이 있기 때문이다. 그런데 왜 의로우신 하나님이 우크라이나에서 죄 없는 수많은 아이가 죽어 가는 것을 간과하실까? 그것은 하나님이 인간의 죄를 간과하신 것이 아니라, 수많은 평범한 사람들의 죄가 쌓여 나타난 결과다.

우크라이나 전쟁으로 제3차 세계 대전이 일어나지 않을까 불안하다. 제2차 세계 대전도 비슷한 방식으로 시작되었기 때문이다. 우리는 제2차 세계 대전이 발발한 원인을 히틀러나 나치라는 그의 소수의 추종 세력 때문이라고 생각한다. 미국의 지성으로 추앙받는 교육자인 밀턴 마이어는 1955년 출간한 유명한 고전 《그들은 자신들이 자유롭다고 생각했다》에서 이 상식에 반기를 든다. 마이어는 독일인 나치 전력자 10명에 대한 인터뷰를 통해 "나치즘은 무력한 수백만 명 위에 군림한 악마적인 소수의 독재가 아니라 다수 대중의 동조와 협력의 산물"
이었다고 진단한다. 평범한 다수의 침묵과 권력에 대한 편승욕
이 세계 대전이라는 비극을 부른 것이다. 악의 평범함을 외쳤
던 한나 아렌트의 말처럼, 당시 독일 인구 7,000만 명 중 100만
명의 나치가 전횡을 휘두른 배후에는 6,900만 명의 평범한 독
일 시민의 소름 끼치는 침묵과 동의가 있었기 때문이다. 우리
민족의 자존심이 회복된다는 명목으로, 다시 옛 명성과 주권을
회복할 수 있다는 마음으로, 아니면 사소한 유익에 편승해서
이웃이 당하는 끔찍한 폭력과 고통을 간과한 것이다.

　제2차 세계 대전이 끝난 후, 독일 사회는 전쟁에서 패망한
것보다 그들을 더욱 망연자실하게 한 것이 있었다. 어떻게 우
리 손으로 이렇게 패악한 악행을 저지를 수 있느냐는 것이다.
이제 그 범죄의 값을 누가 치러야 하는가의 문제를 놓고 사회
전체가 들끓게 된다. 바로 이때 불안해하는 대중을 위해 필요
한 존재가 있다. 바로 희생양이다. 자신의 감춰진 죄가 폭로될
것이라는 두려움의 광기로 사회적 위기가 오는 것을 막기 위해
그 죄를 뒤집어써 줄 누군가가 필요했던 것이다. 그렇게 희생
양이 분노의 깔때기 역할을 다해 주면, 이제 다시 사회는 안정
되고, 절대 다수가 참여했던 거대한 죄악은 다시 물밑으로 사
라진 채 그들의 죄악이 또 한 번 넘어가는 것이다.

　그런데 희생양이 된 자의 입장에서 이것은 견딜 수 없는 가

장 큰 불의다. 물론 나에게 일말의 책임이 있다는 것은 인정하지만, 그렇다고 그 모든 죄를 나에게 덮어씌우는 것은 정말로 참을 수 없다.

이것이 작은아들이 분노하는 가장 큰 이유다. 부모와 형제를 버린 형의 죄를 왜 나에게 덮어씌우느냐는 것이다. 형의 죄는 왜 간과하고, 나만 희생해야 하느냐는 것이다.

작은아들_ 부모님은 늘 형의 잘못을 형수 때문이라고 말해요! 결혼하기 전에는 안 그랬는데, 예수님을 안 믿는 형수가 들어온 후 형이 변했다는 거죠. 제가 보기에는 결혼하기 전에도 형은 늘 이기적이었거든요! 부모님이 형수를 희생양 삼는 것을 보고 결심했습니다. 결혼할 자매는 내가 지켜야겠다고. 이제 집안에 무슨 일만 생기면, 예수님을 안 믿는다는 이유로 자매도 희생양이 될 것 같아서요!

죄악에 대한 완전한 값

하나님은 작은 죄라도 간과하실 수 없다. 작은아들의 허물도 간과하지 않으시지만, 큰형의 잘못도 그냥 넘어가실 수 없는 것이다. 희생양으로는 해결될 수가 없다. 그래서 하나님께서 나타내신 의가 있다. 희생양이 아닌 어린양이다. 이 둘 사이에는 거대한 차이가 있다. 죄의 삯은 사망이다. 죗값을 치르려면 생명을 내놓아야 하기 때문이다. 이 피 흘림이 없으면 죄 사함도 없기 때문이다(히 9:22). 죽임당한 어린양이 필요한 이유다.

죄를 지은 인간이 하나님과 화목하기 위해 요구되는 것이 피의 '화목제물'이다. 구약시대에는 양이나 소를 잡아 그 피를 뿌림으로써 인간의 죗값을 대신 치르고 하나님과 화목하도록 했다. 하지만 짐승의 피는 그 효력이 일시적이어서 기한이 지나면 또 다른 짐승의 피를 뿌려야 한다. 하나님이 피의 제사를 원하신 이유는 이 제물이 자기를 대신하여 각이 뜨이고 그 피가 전부 쏟아지며 아파하고 죽는 것을 보면서 인간이 그 죄의 심각성을 깨닫고, 통회하는 심령을 갖도록 하심이다.

"하나님께서 구하시는 제사는 상한 심령이라 하나님이여 상하고 통회하는 마음을 주께서 멸시하지 아니하시리이다"(시 51:17).

그런데 이 피의 제사가 '율법화'되면서 이스라엘 사람들은 제물을 자신의 희생양으로 만드는 데 성공한다. 내가 큰돈을 지불하고 제물을 샀다는 이유로 스스로 면죄부를 받은 것이다. 그렇게 편안하게 나의 죄가 간과되는 것이다. 그러면 통회하고 상한 심령이 될 수 없다. 하나님과의 관계가 멀어질 뿐이다. 그래서 하나님은 이제 희생양이 아닌 예수 그리스도 어린양으로 화목제물을 세우는 것이다.

예수님을 믿는다는 사람 중에도 그 믿음이라는 명목하에 자신의 죄를 쉽게 간과하는 자들이 있다. 그러나 기독교의 용서는 자기의 죄를 슬쩍 덮고, 예배나 종교적 행위로 자신의 죄를 아무것도 아닌 것으로 만드는 싸구려 종교가 아니다. 하나님은 결코 우리의 죄를 간과하실 수 없다. 그럼에도 하나님은 어떻게 전에 지은 우리 죄를 간과하실까?

그것은 하나님의 '길이 참으심'이 있었기 때문이다(롬 3:25).

"나의 하나님, 나의 하나님 어찌하여 나를 버리셨나이까"
(마 27:46).

하나님은 아들의 간절한 외침에 침묵하신다. 그 고통스러운 애원을 간과하셨다. 아니, 그렇게 하실 수밖에 없으셨다. 이 세상에서 자행된 모든 폭력과 살인, 즉 온 인류의 범죄를 그 몸으로 온전히 감당하셨기 때문이다. 그 아들은 이미 죄인 중에서도 가장 흉악한 죄인이 되셨다. 그래서 그 죄악을 간과할 수 없으셨다. 십자가에서 사탄이 마음껏 그 아들을 정죄하여 죽이도록 내주신다. 그 죽음으로 간과할 수 없는 우리의 죄악에 대한 완전한 값을 치르시고, 우리를 속량해 주신 것이다.

하나님의 사랑은 끊을 수 없다

하나님은 한 분이시다. 그런데 어떻게 하나님이 성부, 성자, 성령이라는 각각 다른 인격으로 존재할 수 있을까? 대답은 아주 간단하다. 하나님은 사랑이시기 때문이다. 사랑은 혼자 할 수가 없다. 그래서 성부, 성자, 성령은 서로 자신을 내주고 상대방을 받아 주는 완전한 사랑의 관계 속에서 살아가신다. 그래서 우리는 성부, 성자, 성령, 그 삼위일체 하나님을 '사랑'으로 고백하는 것이다.

성부 하나님은 아들 예수와의 관계 속에서 성부(아버지 하나님)로서 살아가신다. 아들이 없는 아버지의 존재가 무슨 의미가 있겠는가? 아들을 잃을 때, 아버지로의 존재 역시 사라지는 것이다. 십자가에서 그 아들의 생명이 끊어질 때, 성부 하나님 역시 아버지로서의 생명이 끊어진 것이다. 끊을 수 없는 성부와 성자의 관계가 끊어진다. 십자가에서 아들만 죽은 것이 아니다. 아들을 잃은 아버지도 동시에 죽음을 경험할 수밖에 없다. 이것이 성부 하나님이 속량의 값으로 치러 내신 하나님의 '길이 참으심'이다.

이 아픔의 값으로 치러내신 것이 있다. 바로 '전에 지은 우리 죄'다. 우리의 죄악이 완전히 그 아들 예수에게 전가되었고, 완벽히 넘어갔다. 그리고 그 죄의 값도 성부와 성자가 함께 완

벽히 치러내셨다. 끊을 수 없는 사랑이 끊어진 대가다. 우리를
향한 끊을 수 없는 하나님의 사랑을 확증하기 위함이다. 그 아
픔이 너무 크고, 그 속량의 값도 상상할 수 없기에 하나님께서
넘어가실 수밖에 없는 것이다. 세상에서도 두 번 정죄하지 않
는다. 한번 정죄 받으면, 완전한 값이 치러지면 해방되는 것이
다. 그래서 나타나고 선포된 것이 바로 '하나님의 의'다. 이렇게
하나님은 먼저 자기의 의로움을 나타내시고, 그 속량의 값으로
인해 예수 믿는 자도 함께 의롭게 하시는 것이다.

사탄의 세력은 성부와 성자의 관계를 잠시 끊어 놓을 수 있
었다. 하지만 그들의 능력은 딱 삼 일만 미쳤다. 삼 일 후에 예
수님이 죽은 자 가운데서 살아나신 것이다. 예수님은 무슨 능
력으로 부활하신 것일까? 바로 성령의 능력이다.

> "예수를 죽은 자 가운데서 살리신 이의 영이 너희 안에 거하
> 시면 그리스도 예수를 죽은 자 가운데서 살리신 이가 너희 안
> 에 거하시는 그의 영으로 말미암아 너희 죽을 몸도 살리시리
> 라"(롬 8:11).

성부와 성자의 관계가 인간의 죄를 속량하시다 끊어져 버렸
다. 그러나 성부는 아직 성령과 사랑으로 교통하신다. 성자 안
에도 아직 성령이 내주하고 계신다. 끊어진 성부와 성자와의

관계가 성부와 성자 안에 각각 내주하시는 성령님으로 인해 다시 연결되는 것이다. 교통하시는 성령의 능력이 예수를 죽은 자 가운데서 다시 살리신 것이다.

이렇게 하나님은 성부, 성자, 성령의 완벽한 사랑의 관계 속에서 서로가 서로에게 사랑을 주고받으시는 완전한 사랑(삼위일체)으로 자신을 나타내신다. 인간의 죄악이 절대 하나님의 완전한 사랑을 제한할 수도 또 끊어 낼 수도 없는 것이다. 사랑은 절대 지지 않는다. 하나님이 우리를 사랑하기 위해 자신의 전부를 내주신 그 십자가 사랑(내재적 사랑)으로 우리는 '아! 하나님은 이런 분이시구나' 하고 그분의 초월적 사랑의 능력을 부분적이나마 경험하는 것이다. 이것이 십자가에서 나타난 하나님의 '의'다. 우리도 의롭게 하신다는 것은 우리 역시 그 끊을 수 없는 사랑의 관계 속으로 초청하신다는 것이다.

"내가 확신하노니 사망이나 생명이나 천사들이나 권세자들이나 현재 일이나 장래 일이나 능력이나 높음이나 깊음이나 다른 어떤 피조물이라도 우리를 우리 주 그리스도 예수 안에 있는 하나님의 사랑에서 끊을 수 없으리라"(롬 8:38-39).

이렇게 자신의 의로움을 나타내셨다면, 이제 어떻게 이것을 믿는 우리 또한 의롭게 하실까? 우리로 하여금 진정으로 통회하고 자복하는 심령이 되게 하신다. 길이 참으시는 하나님의 '의'를 경험한 사람이라면, 그 '의' 앞에서 자기 희생양을 만들어 놓고 슬쩍 자신의 죄를 간과할 수는 없기 때문이다.

예수님은 하나님이 인간의 죄를 슬쩍 덮어 주시기 위해 인간 대신 죽게 하신 희생양이 아니다. 이전까지 인간은 희생양을 만들어 자신의 죄를 편하게 전가함으로써 자신을 나름 선하고 양심적인 사람으로 포장할 수 있었다. 그 희생양을 완벽히 죽일 수 있었기 때문이다. 다윗이 우리야를 죽인 것처럼, 그 죽음으로 나의 죄가 은폐되면 통회하고 자복할 필요도 없다. 이것은 십자가를 알지도 경험하지도 않았다는 것이다.

그렇게 유대인들과 대제사장들은 예수님을 희생양으로 만들었다. 그 후 자신의 죄를 성공적으로 은폐시키고 간과시켰다고 자축했다. 그들은 예수님의 몸은 죽일 수 있었다. 하지만 죽일 수 없는 것이 있다. 바로 예수님 안에 있는 성령, 즉 사랑의 영이다.

복음이 선물하는 마음 근력

성령의 능력으로 예수님은 죽음의 자리에서 박차고 일어나셨다. 그러시고는 나름 선하다는, 양심적이며 열심히 율법을 지켰다는 그 무리가 무슨 짓을 저질렀는지를 폭로하셨다. 이것이 베드로의 첫 설교 내용이다.

"그런즉 이스라엘 온 집은 확실히 알지니 너희가 십자가에 못
박은 이 예수를 하나님이 주와 그리스도가 되게 하셨느니라
하니라 그들이 이 말을 듣고 마음에 찔려 베드로와 다른 사도
들에게 물어 이르되 형제들아 우리가 어찌할꼬 하거늘 베드
로가 이르되 너희가 회개하여 각각 예수 그리스도의 이름으
로 세례를 받고 죄 사함을 받으라 그리하면 성령의 선물을 받
으리니"(행 2:36-38).

십자가는 숨겨진 우리 죄가 폭로되는 현장이다. 내가 예수
님을 십자가에서 죽인 자가 되고 그 죄악이 낱낱이 폭로되는
현장에서 그 죄를 충분히 덮고도 남을 정도로 길이 참으시는
하나님의 사랑이 임하게 된다. 아직 죄인 된 우리를 위해, 아들
예수와의 관계를 끊어 내시며 길이 참으시는 하나님을 경험하
며 우리는 하나님의 존재를 막연한 신이나 초월자(super natural
being)가 아닌, 우리를 사랑하시는 한 인격으로 그리고 아버지
로 비로소 고백하는 것이다. 그래서 초월자가 완전한 내재자
가 된다. 하늘 아버지를 이 땅의 나의 아버지(하늘에 계신 우리 아
버지)로 고백하고 기도하는 것이다. 이것이 복음이 선물하는
'마음 근력'이다.

믿음은 자기 신념이나 자기 확신도 아닌 예수님의 십자가와 연합한 자에게 주어지는 마음의 근력이다. 주일 예배 빠지지 않고 드렸다고 내 죄가 간과되지는 않는다. 십일조를 내고 선교했다고 우리의 죄가 간과될 수는 없다. 십자가에서 길이 참으시는 아버지의 사랑을 경험하여 진정 통회하고 자복하는 심령이 되어야 한다. 예수님과 함께 자신을 십자가에 못 박고 그 사랑의 종이 되는 것이다.

바울처럼 그리스도의 종이 되면, 어쩔 수 없이 그 사랑을 이웃과 낮은 곳으로 흘려보낼 수밖에 없다. 그렇게 내 힘으로 사랑할 수 없는 자를 사랑할 수밖에 없고, 내 '의'로 도저히 용납할 수 없는 자에게도 포기하지 않고 그 사랑을 흘려보내는 것이다. 내 능력으로는 도저히 이길 수 없는 그 싸움조차 끝까지 버티는 것이다. 이것이 마음 근력, 즉 믿음이라고 하는 것이다.

"그런즉 자랑할 데가 어디냐 있을 수가 없느니라 무슨 법으로냐 행위로냐 아니라 오직 믿음의 법으로니라"(롬 3:27).

어떻게 이 믿음을 통해 우리의 삶에서 복음의 능력을 구체적으로 경험할 수 있을까? 이제 바울이 말하는 믿음에 관해서 살펴볼 시간이다.

풍성한
승리

Part

2

믿음, 그 능력이
삶에서 경험되는 통로

로마서 4-6장

○

바랄 수 없는 중에 바라기(롬 4:1-25)

●

김 권사_ 작은아들 일로 남편과 싸우고 무작정 집을 나왔어요. 그리고 아무도 모르게 작은 호텔 방에 가서 하나님께 따지기 시작했습니다. "하나님, 이제 끝입니다! 막내 낳고 24년입니다. 그래도 믿음으로 살려고 노력했습니다. 막내를 회복시켜 주실 것을 믿었고, 그 아이를 향한 하나님의 계획을 신뢰했습니다. 새벽마다 바라고 원하고 기도했습니다. 하나님의 일이라면 그 누구보다 먼저 헌신했습니다. 막내는 저렇게 저의 짐으로 아직 남아 있는데, 큰아이 때문에 제 가슴에는 메꿀 수 없는 큰 구멍이 났습니다. 그런데 이제 작은아들까지 제게서 빼앗아 가시는 것입니까?"

목사님! 하나님이 저를 잘못 보신 것 같아요. 이제 저에게는 믿음으로 살아야 할 그 어떤 힘도 소망도 남아 있지 않아요.

이 목사_ 권사님! 이제 하나님이 권사님에게 진짜 믿음을 선물하실 때인 것 같아요. 바랄 수 없는 중에 바라는 것이 진짜 믿음이거든요. 이제 인간적으로 바랄 수 없다고 고백하시니, 하나님께서 진짜 믿음을 주실 것 같은데요?

권사님의 동의할 수 없다는 듯한 표정을 보며, 내가 이렇게 말했다.

이 목사_ 권사님, 저와 수학 문제 한번 풀어 보실까요?

$$\lim_{n \to \infty} \frac{n-1}{n^2}$$ 는 얼마일까요?

믿음의 수식

공식 앞에 붙은 lim은 limit의 약자로 극한값을 표현할 때 쓰는 기호다. 숫자가 1부터 2, 3, 무한대까지 가는 것이다. 1부터 9까지 위의 수식에 대입해 보면, 수식의 값은 0/1, 1/4, 2/9, 3/16, 4/25, 5/36, 6/49, 7/64, 8/81이 된다. 이를 숫자로 하면 0.25, 0.222, 0.187, 0.16, 0.138, 0.122, 0.109, 0.098이다. 즉 n이 무한대로(n→∞) 가면 그 값이 결국 0으로 수렴되는 것이다. 분자(n−1)의 수도 늘어나겠지만, 분모(n²)의 숫자는 더욱

기하급수적으로 늘어나기 때문이다. 이것이 바로 '믿음의 수식'이다.

수식에서 n값이 남보다 증가하여 커지는 것을 근거로 해서 자신을 의롭다고 생각하는 것이 바로 n−1이라는 공식이다. 그래도 남보다 양심적인데, 다른 사람의 도덕적 수준이 1이라면 나는 적어도 5 정도는 되는데, 5배의 차이를 왜 무시하느냐는 것이다. 다른 사람이 한 가지 계명만 지킬 때 나는 열 가지 계명을 다 지켰는데, 어떻게 나를 똑같은 죄인 취급하느냐는 것이다. 8시간 포도원에서 일한 나와 1시간 일한 사람을 동일하게 대우하는 것이 정의이냐고 묻는다. 이렇게 우리는 n−1의 값을 점점 크게 함으로써 그래도 남들보다는 나은 죄인이라고 생각하는 것이다.

바로 그때 나타나는 것이 'n^2'으로 상징되는 '하나님의 의'다. 무한한 하나님의 사랑과 은혜. 그 하나님의 의가 나타난 순간 인간의 의, 그 n−1의 값은 얼마가 될까? 0이다. 8시간 일한 사람이나 1시간 일한 사람이나 차이는 전혀 없다.

1m, 100m, 100km를 수영으로 가는 것 사이의 힘과 능력 차이는 분명 존재한다. 그러나 태평양, 즉 n^2의 무한한 거리가 주어지면 결과는 똑같아진다. 그렇게 하나님의 의가 나타나면, 인간의 의가 죽어 버린다. 이것이 믿음이다. 이 믿음에 대해 더 자세히 알고 싶으면 필자의 저서 《불편한 믿음》을 정독

해 보길 추천한다.

그래서 바울은 이제 믿음으로 하나님의 의에 이르는 자의 모델로 아브라함(아브람)을 보여 준다. 아브람은 75세에 하나님이 뭇별과 같은 자손을 주시리라는 것을 믿고 하나님을 따르기로 결단한다. 아버지의 유산을 포기하고, 본토 친척 아비 집을 떠났다. 눈으로 본 적도 없는 하나님이 "내가 너로 큰 민족을 이루고 네게 복을 주어 네 이름을 창대하게 하리니 너는 복이 될지라"(창 12:2)라고 약속해 주셨기 때문이다. 대단한 믿음이다. 그런데 그 땅에 도착해 보니 흉년이다.

하나님이 그 땅에 거하라고 명령하셨는데, 아브람은 살기 위해 이집트로 내려간다. 그리고 이집트 사람들을 두려워하여 자기 아내를 누이로 속인다. 아내를 버리고 먹고 살길을 택한 것이다. 그런데 하나님의 전적인 은혜로 아브람은 이집트 바로에게 오히려 더 많은 재산을 받고 이집트에서 빠져나온다. 아브람은 이제는 정말 하나님 뜻대로 살 것을 결심한다. 그래서 조카 롯에게 좋은 땅도 먼저 양보한다. 양보한다고 염치없이 먼저 땅을 차지한 롯이 뭐가 이쁘다고 적군에게 사로잡히자 믿음으로 전 재산을 들여 롯을 구원해 낸다. 하지만 승리자로서 당연히 취해야 할 전리품을 믿음 때문에 받지 않는다. 하나님이 주신 승리인데 사람 때문에 복을 받았다는 말을 듣기 싫었기 때문이다.

이만큼이면 아브람은 정말 믿음으로 산 것이다. 믿음의 $n-1$ 값이 남보다는 크게 느껴졌을 것이다. 그런데 그의 믿음이 흔들리기 시작한다. 롯 때문에 일어난 전쟁에서 하나님의 도우심으로 이기기는 했는데 언제라도 적군이 복수하러 자신을 공격할지 몰라 불안하다. 설상가상으로 경제적 손실이 전리품으로 충당되지 않아 경제생활마저 위태롭다. 우리가 믿음으로 살다가도 갑자기 삶의 안정성이 무너지면 믿음도 푹 꺼질 때가 있다. 이렇게 이방 땅에서 자식 하나 없이 죽게 될 생각을 하니 너무 억울하다.

'내가 왜 믿음으로 산다고 해서, 내 나이가 90 가까이 되어 가는데, 무슨 뭇별과 같은 자손을 주시겠다는 걸 믿은 거야! 뭇별은 고사하고 자녀 하나 없는데!'

믿음으로 기다리는 시간 동안에, 아이를 낳을 가능성(capacity)은 완전히 끊어져 버렸다. 심지어 아내 사라의 생식 기능(capacity)마저 소멸해 버렸다. 하나님의 약속이 실현될 가능성(capacity)이 이미 끝나 버린 것이다. 아직도 믿음으로 살 필요가 있을까?

셈을 근거로 한 세계가 무너지다

바로 그때였다. 내내 침묵하셨던 하나님이 아브람에게 나타나신다.

"아브람아 두려워하지 말라 나는 네 방패요 너의 지극히 큰 상급이니라"(창 15:1).

"내가 너를 적군에서 보호해 주고, 그 믿음에 대한 상급도 주겠다!"라는 위로다. 그런데 아브람이 하나님께 쏘아 댄다.

"자식 하나 안 주시면서 무슨 방패와 상급이 되어 주시겠다는 것입니까? 저보고 또 믿음으로 살라고요? 10년 정도면 됐습니다. 이쯤에서 끝내렵니다. 저의 집에 있는 엘리에셀을 양자로 삼을 테니 당신도 이제 저에게 신경을 꺼 주세요."

아브람의 믿음이 산산조각이 난 그때, 하나님은 그를 진짜 믿음의 세계로 초청하신다.

하나님이 아브람을 어떻게 도우셨을까? 창세기 15장 5절을 보면, 일단 그를 이끌고 밖으로 나가신다. 아브람은 지금 좁다란 장막 안에 있다. 왜 사람들이 그 작은 골방에서 나오지 못할까? 현실 문제만 보고 계산하기 때문이다.

"나는 그래도 양심적으로 살았고 계명을 잘 지켰어. 나만큼 율법을 잘 지킨 사람 있으면 나오라고 그래!"

그렇게 자기의 의를 내세우는 자신만의 n-1의 계산법에 갇혀 있는 사람에게 그 좁다란 방에서 나오라 하시고 뭇별을 세어 보라고 말씀하신다.

별을 세어 본 적이 있는가? 2016년도에 나는 아내와 함께 미국 JMT(John Muire Trail) 트레일을 23일 동안 걸었다. 4,000m 높이의 광대한 빅혼 고원(Bighorn Plateau)에서 작은 텐트를 치고 뭇별 앞에 서 있었을 때의 느낌은 두려움이었다. 헤아릴 수 없는 무한한 별 속으로 내가 흔적도 없이 사라져 버릴 것 같았다. 무수하게 쏟아지는 별들에 내가 무너져 버릴 것 같아 다리가 후들거렸다. 낮에는 끝없이 펼쳐진 대지와 걷고 또 걸어도 여전히 내 앞에 있는 산 앞에서 한없이 작아짐을 느껴야 했다.

그렇게 23일을 낮이나 밤이나 주님의 높고 위대하심을 내 영혼이 노래하면서 그 하나님의 n^2 무한성을 경험했다. 그 앞에서 "하나님! 나는 이렇게 헌신했고, 이 정도로 충성했잖아요"라고 칭얼대는 $n-1$의 세계가 말끔히 사라졌다. 현실에서 나에게 너무나 중요했던 문제들, 크게 다가왔던 성공들이 사소해졌다.

아브람도 좁다란 현실이라는 장막에서 하나님께 이끌려 나와 뭇별을 바라보았을 때 그러했을 것이다. 별 하나 나 하나, 별 둘 나 둘, 별 셋… 이렇게 별을 세면서 아브람은 점점 뭇별의 세계로 빠져들어 갔을 것이다. 그것은 현실 문제에 빠져 있던 아브람이 잊고 있었던 믿음의 세계였다. 천지와 만물을 말씀으로 창조해 내신 하나님의 능력의 세계이기도 했다.

바로 이때 하나님이 아브람에게 물으신다.

"아브람아, 그 별들을 다 셀 수 있겠어? 헤아릴 수 있겠어?"

"아니요. 밤새 꼬박 세어도, 아니 평생 센다고 해도 다 못 셀 것입니다. 제가 세는 동안에 수없이 많은 별이 또 생겨날 텐데, 어떻게 다 셀 수 있겠습니까? 지금 제 눈으로 똑똑히 보고 있지만, 뭇별의 세계는 감히 제 계산(ability)으로는 헤아릴 수가 없습니다."

뭇별의 세계는 우리의 셈(ability)과 이성의 한계(capacity)를 뛰어넘기 때문이다. 바로 그때, 하나님이 다시 말씀하신다.

"아브람아, 지금 네 눈에 보이는 것도 다 세지 못하면서 어떻게 감히 네 계산(ability)법으로 나의 능력(power)을 제한하려 하느냐? 네 나이(capacity)가 많다는 이유로 만물을 창조한 내 능력(power)을 제한하겠느냐?"

뭇별의 무한성(n^2) 앞에 자신의 ability와 capacity를 근거하여 계산한 얄팍한 나의 n-1의 세계가 무너지는 순간이다. 다시 하나님이 조용히 속삭이신다.

"아브람아! 지금 저 뭇별을 다 헤아릴 수 없지? 지금은 나의 능력을, 너에 대한 나의 사랑을 네가 다 계산하고 셀 수는 없어! 하지만 지금 너의 눈에 보이는 뭇별처럼 네 후손이 많아질 거야."

아브람은 하나님의 말씀을 믿었다. 아니, 믿을 수밖에 없었다. 나의 셈을 근거로 한 세계가 무너져 버렸기 때문이다. 그 결과, 나의 의가 죽고 하나님의 능력만을 바랄 수밖에 없게 되었다. 이것이 믿음이다.

진정한 마음 근력

"고향과 친척과 아버지의 집을"(창 12:1) 떠난다는 것은 대단한 믿음이다. 아브라함은 자신이 믿음으로 전리품을 포기한 일도 하나님께 드릴 청구서에 이미 빠짐없이 적어 놓았을 것이다. 그러나 그 청구서가 하나님이 그에게 베푸신 축복과 비교될 수 있을까? 하나님은 그의 자녀를 통해 뭇별과 같은 이스라엘 민족을 조성하신다. 결국에는 하나님 자신이 그의 자손으로 이 땅 가운데 오셔서 인류의 죄와 죽음을 감당하신 후 그를 믿는 모든 자에게 영생의 복을 주실 것이다. 아브라함을 통해 구원의 역사를 펼치시겠다는 것이다. 그 무한하신 하나님의 사랑과 경륜 앞에서 아브라함이 어떻게 청구서를 들이밀 수 있겠는가? 그렇게 아브라함의 의와 계산은 무너지고 만다.

"만일 아브라함이 행위로써 의롭다 하심을 받았으면 자랑할
것이 있으려니와 하나님 앞에서는 없느니라 성경이 무엇을 말
하느냐 아브라함이 하나님을 믿으매 그것이 그에게 의로 여겨

진 바 되었느니라"(롬 4:2-3).

아내까지 팔아먹은 자가 행위로 뭘 자랑할 게 있겠는가? 스스로 믿음을 포기한 자가 무슨 수로 믿음으로 의롭게 될 수 있을까?

아브라함은 도대체 어떤 믿음으로 의롭게 된 것일까?

"아브라함이 바랄 수 없는 중에 바라고 믿었으니 이는 네 후손이 이같으리라 하신 말씀대로 많은 민족의 조상이 되게 하려 하심이라"(롬 4:18).

의롭다 칭함을 받게 한 아브라함의 믿음을 바울은 '바랄 수 없는 중에 바라고 믿는' 믿음으로 정의한다. 믿음은 결코 현실을 부정하는 것이 아니다. 오히려 직시하는 것이다. 100세가 되어 자기의 몸과 사라의 태로는 더 이상 아이를 가질 수 없음을 알았다. 나의 ability와 capacity로 인해서는 약속이 성취될 그 어떤 근거도 없는 것이다. 이제 그것을 근거로 하는 모든 계산은 무너져 버렸다.

그럼에도 바란다는 것은 이제 근거가 바뀌었기 때문이다. 나의 몸의 한계로 제한받을 수 없는 하나님의 무한하신 능력(power)이 근거가 된 것이다. 그 무한하신 사랑이 근거가 되어

믿게 되었다면, 지금까지 그토록 내게 중요했던 것들, 그래서
차곡차곡 계산하고 적어 놓았던 나의 세계가 죽게 된다. 이 믿
음을 의로 여기신 것이다. 그래서 바울은 결론적으로 로마서
4장에서 이렇게 말한다.

> "그에게 의로 여겨졌다 기록된 것은 아브라함만 위한 것이 아
> 니요 의로 여기심을 받을 우리도 위함이니 곧 예수 우리 주를
> 죽은 자 가운데서 살리신 이를 믿는 자니라"(롬 4:23-24).

우리가 "저 사람 참 믿음이 좋아!"라고 판단할 때, 그 믿음이
좋다고 하는 근거가 무엇일까? 예배에 열심히 나와서? 아니면
열심히 봉사해서일까? 저렇게 힘든 상황에서도 흔들리지 않고
맡은 직분을 열심히 감당해서일까? 어려움 가운데서 하나님만
의지하고 흔들림 없이 사명을 감당하는 순수한 믿음도 있다.
그러나 그 믿음은 인간의 ability와 capacity를 바탕으로 한 나
의 강력한 확신과 신념일 뿐 진정한 믿음은 아니다.

교육학에서는 마음 근력을 현실의 상황과 삶의 조건에 매여
있지 않고 있는 그대로의 나의 가치를 믿을 수 있는 능력이라
고 말한다. 그러나 진정한 마음 근력이란 믿게 되는 근거와 대
상이 바뀌는 것이다. 나에 대한 믿음이 아무리 작아도 내가 두
꺼운 얼음 위에 있다면 쉽게 버텨 낼 수 있다. 마음 근력은 내

믿음이 아닌 내 믿음의 대상에 의해 얻어지는 것이다.

이 목사_ 권사님! 이제 아무것도 바랄 것이 없다고 낙망하게 하신 것은 권사님을 향한 하나님의 초청입니다. 이제 작은 골방에서 나와서 바랄 수 없는 중에 바라는 진정한 믿음의 세계로 들어오라는 이끄심이에요. 믿음이란 믿음의 대상이 완전히 바뀌는 것입니다. 그 대상이 바뀌려면 내가 그전에 믿었던 대상이 죽어야만 합니다. 권사님이 하나님 앞에서 '이제 끝입니다'라고 고백하신 것은 권사님의 ability와 capacity로서는 이제 믿음의 근거가 없음을 선포하신 것입니다. 내가 죽는 과정이죠. 그런데 권사님! 너무 염려하지 않으셔도 돼요. 사랑의 하나님은 우리에게 "그냥 죽어!"라고 말씀하지 않습니다. 십자가의 무한한 은혜와 사랑(power) 앞에서 죽어 가게 하세요. 그래서 그 죽음조차 우리에게는 은혜가 됩니다.

믿음은 우리를 어떻게 의롭게 할까?

믿음으로 의롭게 된다는 기독교 신앙에 불편함을 느끼는 사람들이 있다. 그럼 인간의 행위나 도덕은 아무 상관이 없다는 것인가? 의롭다고 칭함은 받는데 우리는 여전히 죄를 짓는다. 아브라함도 하나님께 의인이라고 인정받은 후에도 계속 죄에 넘어진다. 이집트 왕에게 아내를 누이라 속인 그가 이번에는 아내를 아비멜렉 왕에게 팔아 버린다. 그래서 우리는 종종 나같이 연약하고 악한 죄인은 하나님도 어쩔 수 없을 것이라 생각하며 하나님과 멀어진다.

이런 사람은 겉보기에는 진실한 것 같지만, 그 밑에는 가장 큰 불신과 교만이 자리 잡고 있다. 아직 자기를 바라볼 조금의 여지를 남기고 싶은 것이다. 이미 내가 죽은 자라는 것을, 가능성이 없는 자라는 것을 인정하지 않는 것이다. 그러면 나를 뛰어넘는 하나님의 능력과 은혜를 100% 바라볼 수 없다.

그럼 이제 은혜로만 살면 되는 것인가? 어떠한 죄를 지어도 하나님이 간과해 주시는 것인가? 내 죄로 인해 하나님의 풍성하심(n^2)을 드러나게 했다면 오히려 유익한 것 아닐까?

이 질문에 사도 바울이 이렇게 대답한다.

"그럴 수 없느니라 죄에 대하여 죽은 우리가 어찌 그 가운데 더 살리요"(롬 6:2).

십자가는 우리의 숨겨진 죄를 여지없이 폭로한다. 길이 참으시는 아버지의 사랑을 경험하여 통회하고 자복하는 심령이 된다. 그러면 어쩔 수 없이 받은 사랑을 어떤 계산도 없이 그대로 낮은 곳으로 흘려보내게 되는 것이다. 그럼 그 사랑을 흘려보내는 행위로 인해 우리가 믿음으로 의롭게 되는 것이 아닐까? 사랑을 흘려보내는 것이 과연 나의 행위일까? 그 사랑을 흘려보내는 주체는 내가 될 수 없다. 나의 n−1의 계산법이 n^2로 진짜 죽었다면 말이다.

"아무리 그래도 먼저 잘못했다고 사과해야 용서해 줄 것 아니야!"

이것은 나의 조건과 계산이 아직 죽지 않고 살아있다는 증거다.

믿음으로 죽은 사람만이 자신이 받은 사랑 그대로 어떤 조건이나 기대 없이 흘려보낼 수 있다. 그럼, 그 사랑을 흘려보내는 행위의 주체는 내가 될 수 없다. 나는 그저 은혜의 통로가 될 뿐이다. 비록 아직 허물 많은 죄인이지만, 그 순간만큼은 나를 통해 진정한 하나님의 사랑이 흘러나온다. 흘려보내는 나의 행위로 인해 의롭다고 인정하신 것이 아니라, 내가 흘려보내는 사랑이 진정한 하나님의 사랑이기에 그 통로인 나도 의롭다고 인정해 주시는 것이다. 인간은 결코 의로운 행위를 할 수가 없다. 내가 '의'라고 생각하는 순간, 바로 내가 기대하는 보상과 대가의 공식이 따라붙어 다른 이에게는 '불의'해지기 때문이다. 그래서 바울은 "나는 날마다 죽노라"(고전 15:31)라고 고백하는 것이다.

○

환난 중에도 즐거워하기(롬 5:1-11)

|

●

믿음으로 의롭게 된 자에게 허락된 삶이 있다. 화평을 누리는 삶이다.

"그러므로 우리가 믿음으로 의롭다 하심을 받았으니 우리 주 예수 그리스도로 말미암아 하나님과 화평을 누리자"(롬 5:1).

김 권사_ 목사님! 그럼 저는 아직 믿음으로 구원받은 자가 아닌 것 같아요! 제 삶에는 지금 화평은커녕 갈등과 싸움, 분노와 미움만이 가득한데요?

이 목사_ 권사님! 화평을 누린다는 것은 한 번도 싸우지 않고 언제나 평화롭게 산다는 뜻이 아닙니다. 그것은 거짓 화평이죠. 기억하시죠? 로마서는 우리의 삶이 개인과 가정이라는 틀을 뛰어넘어 거대한 창조 세계 속에서, 사망과 생명을 주관하는 거대한 싸움 가운데 있다고 분명히 말하고 있습니다. 영적 전쟁 중인데, 당연히 고난과 아픔과 두려움이 있겠지요. 진정한 화평은 이 전쟁 속에서도 평안을 누리는 것입니다. 바로 환난 중에도 즐거워하는 것이 진정한 믿음의 능력이라는 거예요!

김 권사_ 목사님은 지금 제 상황을 보면서도 즐거워하라고 말할 수 있으세요?

이 목사_ 권사님! 즐거워하라는 것은 현실을 부정하고 기뻐하라는 뜻이 아닙니다. '예수 그리스도로 말미암아 하나님과 화평을 누리라'는 거예요. 하나님의 화평을 누리자는 것은 이제 하나님과 실제적인 관계를 맺으라는 것입니다. 우리 삶에서 하나님을 실제로 존중하고 경험하고 누리고 있느냐는 것이지요. 도대체 우리에게 하나님의 존재란 무엇이냐는 것입니다.

환난이 주는 유익

이 목사_ 권사님이 아시는 많은 사람 중에서 이 사람만큼은 내 절친이라고 확증하시는 순간이 언제일까요? 우선, 장례식날 알 수 있습니다. 우리가 가장 슬플 때 함께 울어 줄 수 있는 사람들입니다. 그런데 그 사람 중에서도 진짜 내 사람들이 있어요. 내가 기뻐하는 일에 함께 기뻐하고 즐거워하는 사람들입니다.

나의 환난과 고난에 동참하여 내가 일어설 때까지 함께 아파하고, 격려해 주면서 나의 승리를 함께 기뻐하는 사람들입니다. 그것이 로마서 5장 11절에 나오는 '함께 즐거워한다'라는 뜻이에요. 그냥 선물을 사서 축하한다는 가벼운 말로는 절대 우리의 영혼까지 즐거움을 누리지는 못합니다.

권사님이 지금 장로님과 싸우기도 하고 그 흔한 선물조차 주고받지 않을 수 있지만, 남편의 존재감은 다른 이들과 비교할 수 없지 않을까요? 35년 이상 삶의 모든 환난과 고난을 함께 싸우며 조금씩 이겨 왔기 때문입니다. 그래서 함께 즐거워할 수 있는 것이죠. 제가 스페인 순례길을 가끔 걷는데 노년 부부가 함께 길을 걷는 모습을 보면, 인생 황혼기에 로마서 5장 2절 말씀처럼 하나님의 영광을 바라보면서 즐기는 삶이란 이런 것이구나 싶어서 숙연해져요. 그런데 젊은 커플들의 걸음에는 그런 느낌이 전혀 없지요. 왠지 가벼워요. 환난을 함께 겪어 낸 무게가 없기 때문입니다.

진정한 사랑의 관계는 함께 "환난 중에도 즐거워"(롬 5:3)하는 관계다.

"그뿐 아니라 이제 우리로 화목하게 하신 우리 주 예수 그리스도로 말미암아 하나님 안에서 또한 즐거워하느니라"(롬 5:11).

이 영적 즐거움을 위해 하나님이 우리에게 허락하신 것이 있다. 바로 환난이다. 세상은 보통 환난이 주는 유익성에 대해 이렇게 말한다.

"그 고난을 참고 인내하면 결국 실력이 쌓이고, 오히려 그 환난이 기회가 되어서 더 좋은 결실을 볼 거야!"

그 환난을 나의 힘(ability)과 끈기(capacity)로 버텨 내면 결국 유익이 되어 돌아온다는 것이다. 그래서 고난을 통해 마음의 근력이 강해진다는 것이다. 하지만 그것은 환난에 대해서 기뻐하는 것이지 환난 중에 기뻐하는 것은 아니다.

환난이란 '우리가 이 땅에 살면서 의지했던 것들이 하나둘 점점 사라져 가는 상황'을 의미한다. 환난은 헬라어로 '뜰립시스'로 '억압' 혹은 '압제'라는 뜻이다. 영어로는 '트리뷸레이션'(tribulation)이고 라틴어로는 '트리뷸룸'(tribulum)이다. 특히 트리뷸룸의 원뜻은 '탈곡기'로 프레스로 누르면 겉껍질은 다 벗겨 나가고 알맹이만 남게 되는 것처럼, 내가 의지하는 것들이 하나씩 벗겨져 나가는 상황이 환난이다.

예수님과 상관없는 믿음

우리 인간이 가장 두려워하는 것이 있다. 바로 불확실성이다. 우리는 우리 힘(ability)으로 남보다 돈, 실력, 권력을 많이 쌓아 놓고 '이 정도면 되겠지'라는 생각이 들어야 불확실한 세상에서 어느 정도 안정과 보장을 얻었다는 확신을 가진다. 우리만의 n−1의 법칙을 만들어 놓고, 돈이든 실력이든, 성공이든, 그 n이 계속 증가할 때 즐거워하는 것이다.

누가복음에 나오는 어리석은 부자가 그랬다. 그는 소출을 많이 쌓아 놓아야 내가 진짜 생명을 얻을 수 있다고 생각했다.

"내가 내 영혼에게 이르되 영혼아 여러 해 쓸 물건을 많이 쌓아 두었으니 평안히 쉬고 먹고 마시고 즐거워하자 하리라"(눅 12:19).

n−1이 점점 커져서 여러 해 쓸 물건을 많이 쌓아 두면 영생의 문제도 해결되어 즐거워할 수 있다고 생각한 것이다.

이 부자의 말을 자세히 살펴보면, 내 영혼이 온전한 화평을 누리지 못하는 이유는 사실 하나님이 있어서 그렇다는 것이다. 하나님이 주시는 '생명'이란 선물에는 공통점이 있다. 생명 있는 모든 것에는 불확실성이 존재한다. 역설적으로, 그래서 살게 되는 것이다. 그런데 인간은 생명 체계 안에 있는 불확실성을 가장 두려워한다. 지구는 생명체처럼 순환하며 움직인다. 그래서 언제 태풍이 오고, 지진이 날지 우리는 모른다. 우리 몸도 생명체이기에 우리도 모르게 암세포가 증식될 수 있다. 태어날 아기가 남자일지 여자일지 선택할 수도 없다. 생명 안에 있는 불확실성은 우리에게 두려움을 주지만, 그 불확실성 속에서 함께 아파하고 애쓰다가 생각지 못한 것에 감사하고 놀라워하고 또 즐거워한다. 이것이 산다는 것이다.

그런데 이 부자는 지금 먹을 것이 충분히 있어도 즐기며 먹을 수가 없다. 쉬어도 쉬는 것 같지 않다. 지금 쌓아 놓은 것은 큰 흉년이 한번 들면 다 없어질 수 있기 때문이다. 부자는 결심한다.

"일단 쌓아 놓자. 내 인생에서 모든 불확실성을 제거할 때까지."

이 부자의 말은 사실 이 말이다.

"내 영혼아, 이제 진짜 즐거워할 수 있게 되었어! 이제야 내가 내 생명의 주인이 되었거든. 내 삶에서 하나님을 완전히 제거해 버렸으니까."

그렇게 하나님의 의를 부인하고, 하나님과 관계없는 사람이 된다. 이런 사람들을 '실천적 무신론자들'이라고 한다. 물론, 이들 중에 예수를 믿는다고 고백하는 사람도 있다. 그러나 예수님과는 전혀 상관이 없는 삶을 산다. "그리스도 안에 있는 하나님의 사랑"(롬 8:39)을 실질적으로 누리지 못하니 그리스도로 말미암아 하나님 안에서 즐거워하는 법을 알 턱이 없기 때문이다.

"하나님은 이르시되 어리석은 자여 오늘 밤에 네 영혼을 도로
찾으리니 그러면 네 준비한 것이 누구의 것이 되겠느냐 하셨으
니 자기를 위하여 재물을 쌓아 두고 하나님께 대하여 부요하지
못한 자가 이와 같으니라"(눅 12:20-21).

영생을 위해 쌓아 놓기는 하는데, 그래서 내 영혼이 즐거워
할 수 있다고 생각했는데, 오히려 내가 쌓아 놓은 만큼 하나
님과는 실제적 관계가 없는 삶을 사는 것이다. 이런 부자가 절
대 누릴 수 없는 것이 '하나님과의 화평'이다. 바울은 이 하나
님과의 화평을 누리기 위해 반드시 은혜에 들어감을 얻어야 한
다고 한다.

"또한 그로 말미암아 우리가 믿음으로 서 있는 이 은혜에 들어감
을 얻었으며 하나님의 영광을 바라고 즐거워하느니라"(롬 5:2).

은혜 안으로 들어가는 과정은 다름 아닌 환난 중에서도 "하
나님의 영광을 바라고 즐거워"하는 과정이다. 바울은 3-4절에
서 이 과정을 구체적으로 이렇게 소개한다.

"다만 이뿐 아니라 우리가 환난 중에도 즐거워하나니 이는 환
난은 인내를, 인내는 연단을, 연단은 소망을 이루는 줄 앎이로

다"(롬 5:3-4).

세상 사람들은 돈, 실력, 권력, 명예의 기초 위에 자신들의 삶을 세우려고 한다. 그런데 믿음으로 서기 위해서는 은혜 속으로 들어가는 과정이 필요하다. 즉 오직 그 은혜로만 살아 보는 것이다. 그래서 하나님이 허락하시는 것이 환난이다. 은혜 안으로 들어가는 첫 관문인 셈이다. 이 환난은 세상 사람들이 받는 환난과는 본질적으로 다르다. 우리가 의지하고 있는 것을 한 꺼풀씩 벗기시며 하나님만을 의지하도록 훈련하신다. 이 과정에서 바랄 수 없는 중에 바라는 진정한 믿음이 형성되는 것이다. 아브라함의 환난은 고향과 친척과 아버지의 집을 떠나는 것이었다. 그가 쉽게 의지할 수 있는 아버지의 재산, 이웃의 도움 등 친숙한 상황에서 완전히 떠나 보아야 믿음으로 일어서 볼 수 있기 때문이다.

내 삶에서 환난의 시작은 개척이었다. 그 환난은 아이러니하게도 미국에 방문하신 아버지의 말씀에서 시작되었다. "개척해 볼래?" 나는 당시 미국연합감리교단에서 목회자 과정을 거의 마친 상태였고, 박사학위를 받은 후 한국으로 돌아가 교수가 될 생각이었다. 아버지의 논리는 비교적 간단했다. 믿음으로 일어서 보지 못한 사람이 어떻게 사람들을 인도하는 목회자가 될 수 있느냐는 것이다. 훤히 보이는 길로 가서는 믿음을 제대로 배울 수 없기 때문이다. 하나님의 은혜 없이 목회하면, 결국 하나님과 관계없는 목회를 하게 될까 봐 염려하신 것이다.

이 목사_ 권사님! 지금 권사님이 겪고 있는 환난은 하나님의 초청입니다. "김 권사, 이제 네가 믿는 그 은혜가 너를 지배할 때야. 어서 이 안으로 들어오렴. 그래야 정말 믿음으로만 굳건히 서 있을 수 있어! 그래야 정말 나로 인해 네가 즐거워할 수 있단다!"

하나님과 누리는 화평

인내는 단순히 오래 참고 견디는 것이 아니다. 인내의 헬라어는 '휘포모네'인데 이것은 절벽에서 미끄러져 나뭇가지 하나를 붙잡고, 그것에 온몸을 의지하고 있는 상태를 말한다. 지금 붙잡고 있는 것을 놓으면 다 끝나기 때문에 인내하며 붙잡을 수밖에 없다. 즉 인내란 이것저것을 의지하는 것이 아닌 단 하나를 굳게 붙드는 것이다. 세상에서 내가 쌓아 놓은 것들이 사라져 가고, 의지하던 친구들이 모두 나를 떠나갈 때 그제야 우리는 하나님으로만 의지하는 법을 배울 수 있다. 환난이 인내를 낳는 것이다. 이때 비로소 희미하던 것이 명확히 다가온다. 이것이 바로 은혜 속으로 들어가는 과정이다.

"하나님이 이렇게 나를 사랑하시는구나. 이렇게 나를 먹이시는구나. 나의 성품을 너무나 잘 아셔서 기가 막힌 방법으로 나를 인도하시는구나. 나의 나 된 것은 다 하나님의 은혜구나!"

드디어 하나님과의 화평의 관계가 형성되는 것이다.

그래서 인내는 연단을 가져온다. 연단이라는 뜻의 헬라어 '도키메'는 철을 연단하여 단련한다는 뜻도 있지만 그렇게 제련하여 불순물을 제거한 후 '어떤 것을 증명하고 입증한다'는 의미도 있다. 즉 이 연단을 통해 '은혜'가 증명되는 것이다. 바로 이때 하나님의 사랑이 우리 마음에 한없이 부어지고, 우리는 하나님과 화평을 누리게 된다. 이 연단의 과정을 통해 불순물처럼 자연스럽게 떨어져 나가야 하는 것이 자기 '의'다. 돈이나 명예는 환난의 상황 속에서는 어쩔 수 없이 내려놓게 되어 있다.

그런데 끝까지 내려놓지 못하는 것이 있다. 바로 '자기 의 (義)'다. 이것이 '나 됨'을 만들기 때문이다. 이러한 '자기 의'는 경쟁이 치열한 이 세상에서 비교의식과 열등의식 속에서도 열심히 살아가게 만드는 동력이 되기도 한다. 그래서 혹자는 이 동력을 마음의 근력으로 착각한다. 나의 전부라고 생각했던 자기의 가치나 의가 사실 아무것도 아니었음이 판명될 때 그것은 죽음 그 자체다. 그리고 그 죽음은 진짜 끝을 의미한다.

그러나 우리가 환난을 통해 진정한 은혜를 알게 될 때, 그 환난으로 더욱 명확해지는 것은 '나는 죽을 수밖에 없는 죄인'

이라는 고백이다. 영적 죽음이다. 그런데 그 죽음으로 이제 우리 안에 흐릿했던 십자가의 은혜가 머리부터 발끝까지 우리를 감싸게 된다. 바로 그때 우리로서는 도저히 바랄 수 없음에도 바라게 되는 것이 있다.

> "우리가 아직 죄인 되었을 때에 그리스도께서 우리를 위하여 죽으심으로 하나님께서 우리에 대한 자기의 사랑을 확증하셨느니라"(롬 5:8).

이 사랑의 확증이 어떻게 우리로 하여금 인생의 수많은 싸움을 승리하게 하는 실질적 능력(power)이 될까? 이것이 5장 후반부터 8장까지 바울이 전하는 메시지다. 자신이 바라는 것이 모두 무너지고, 죄인 된 우리를 위해 죽으신 하나님의 사랑이 확증될 때, 비로소 그 연단이 소망을 낳는다. 그때 우리의 소망은 순수해진다. 참 소망이 되는 것이다. 나로부터 근거가 된 것이 하나도 없기 때문이다.

> "소망이 우리를 부끄럽게 하지 아니함은 우리에게 주신 성령으로 말미암아 하나님의 사랑이 우리 마음에 부은 바 됨이니"(롬 5:5).

연단이 소망을 낳고, 그 사랑이 우리 마음에 부은 바 되면, 기도하지 말라고 해도, 기도하게 된다. 말씀이 실제가 되어 순종할 수밖에 없다. 그 결과, 하나님과 누리는 것이 '화평'이다. 주님이 십자가에서 이겨 내신 그 환난이나 곤고나 박해나 기근이나 위험이나 칼을, 주님과 함께 조금씩 이겨 내는 것이다. 그래서 주님과 함께 즐거워하는 것이다.

천재는 노력하는 자를 이기지 못한다. 하지만 노력하는 자라도 결코 즐기는 자를 이길 수 없다. 자기 계발 분야에서 이 즐김이란, 난제가 주는 스트레스를 열정과 몰입으로 이겨 내는 성공의 과정을 말한다. 하지만 솔직히 인생에서 우리가 그런 성공을 몇 번이나 경험할까? 한 번 성공한다면 백 번의 실패를 경험한다. 진정한 즐김이란 혼자만의 성취감이 아니다. 이미 주님이 이겨 내신 것이기에 서로의 환난과 고난에 함께하며 하늘의 하나님을 우리 아버지로 함께 고백하며 즐거워하는 것이다. 이것이 그리스도인들의 진정한 마음 근력이다.

김 권사_ 목사님! 그럼 하나님이 저를 정말 사랑해서 이 환난을 주신 거네요?

이 목사_ 아마 그런 것 같아요, 권사님. 이제 권사님을 믿음으로 서 있게 하는 그 은혜의 과정으로 초청하시는 것 아닐까요?

김 권사_ 막내 때문인지 아들들의 성공에 더욱 집착해 있었던 것 같아요. 아들들이 일류 대학에 가고, 대기업에 취직한 것이 정말 저의 즐거움이었어요. 말씀하신 부자처럼 아들들이 쌓아 놓은 자랑과 성공으로 내가 즐거워했다면, 그동안 열심히 믿는다고는 했는데 저 스스로 하나님과 담을 쌓고 산 것이네요.

이 목사_ 네! 그 담을 헐고, 권사님이 이제 그리스도 안에 있는 하나님과 화평을 누리시기 위해 하나님께서 권사님이 즐기고 의지했던 것을 하나씩 내려놓게 하신 것 아닐까요!

김 권사_ 그럼 안심이네요. 아들들을 잃어버린 것이 아니라, 제가 하나님을 다시 찾기 위함이니까요. 이제 본격적으로 인내를 배워야겠네요. 감사해요, 목사님!

○

이미 승리한 싸움을
리플레이하기(롬 5:12-21)

●

    지금도 생생한 축구 경기가 있다. 2002년 대한민국/일본 월드컵 우리나라와 이탈리아의 16강전이다. 유학생 시절 기숙사 방에는 TV가 없었고, 시간대도 달라서 생중계를 볼 수 없었다. 경기가 끝난 다음 날 아침 기숙사 로비에 있던 TV를 돌려 보니 스포츠 뉴스에서 안정환의 세레모니와 한국이 2:1로 이겼다는 소식이 나왔다. 마치 내가 이긴 것마냥 환호성이 터져 나왔다. 그리고 얼마 후 스포츠 채널에서 재방송을 시청하게 되었다.

    전반 페널티킥을 얻었다. 안정환이 골을 찼고, 실축했다. 안타까웠지만 그렇다고 내가 크게 좌절했을까? 이후 이탈리아가 한 점 득점했다. 1:0으로 지고 있었다. 이대로 지는 것이 아닌지 마음을 졸이며 불안해했을까? 도대체 어떻게 이긴 거야? 게

임이 더 재미있어졌다. 전반 끝날쯤에 설기현이 한 골을 넣은 후 후반전도 1:1로 끝났다. 연장전에 들어갔다. 양쪽 선수들이 젖 먹던 힘까지 내어 가며 싸우는 것이 보인다. 게임 자체는 긴장감 있게 펼쳐지며 재미를 더하는데, 마음은 여유롭고 평안했다. 순간 나에게 스치듯 지나가는 생각 하나가 나의 평생의 믿음의 삶을 바꾸어 놓았다.

'아! 나는 이미 이긴 게임을 보고 있는 거야!'

그렇다. 나는 최종 승리가 벌써 확정된 싸움을 보고 있었던 것이다. 그래서 넉넉한 마음으로 재미있게 시청할 수 있었다. 믿음이란 예수님이 이미 승리하신 싸움을 내 삶에서 '다시 보기' 하는 것처럼 사는 것이다.

한 사람으로 시작한 죄의 확장성

예수를 믿는 자마다 구원을 얻는다는 사실에 불편해하는 사람들이 많다. 2,000년 전 로마에서 십자가에 달려 돌아가신 예수님의 죽음이 아무리 위대하다고 한들, 어떻게 그 한 사람으로 인해 2,000년 후 지구 반대편에 있는 수많은 사람이 구원받을 수 있느냐는 것이다. 한 사람의 죽음과 부활이 어떻게 나의 구원과 부활이 될 수 있느냐고 의문을 품는다. 한 사람 때문에 모든 사람이 구원받고 승리한다는 명제는 잘 납득되지 않는다.

그런데 단 한 사람 때문에 전체가 힘들어지고, 심지어 다 죽을 수 있다는 사실을 받아들이는 것은 그렇게 어렵지 않다.

중국 우한 지역에서 코로나바이러스의 숙주에 의해 감염되었던 사람으로 인해 지금 온 세계인이 큰 환난을 겪고 있다. 푸틴 한 명의 욕심으로 수만 명의 젊은 청년들이 자기 또래 친구에게 총을 겨누며 죽어 가고 있다. 사실, 한 사람으로 인한 수많은 죽음은 인류 역사 내내 계속 있어 왔다. 스탈린, 레닌, 모택동 등이 바로 그 한 사람이다. 그래서 혹자는 세상은 미친 사람에 의해서 다스려진다고 말한다. 그런데 이 재앙의 역사를 누가 시작했을까? 바로 아담이다. 이제 로마서 5장 12절 말씀이 좀 더 명확해진다.

"그러므로 한 사람으로 말미암아 죄가 세상에 들어오고 죄로 말미암아 사망이 들어왔나니 이와 같이 모든 사람이 죄를 지었으므로 사망이 모든 사람에게 이르렀느니라"(롬 5:12).

의인이란 100%로 의로워야 의인이다. 평생을 위대하고 선하게 살아도 한번 실수하여 사람을 죽이거나 상해를 입히면 절대 의인이 될 수 없다. 그렇게 모든 사람이 자기 죗값을 치르며 죽어 간다. 세월 앞에 장사 없다. 이 흘러가는 시간 앞에 무릎 꿇지 않는 영웅은 아무도 없다. 그래서 사망이 왕 노릇을 하는 것이다. 우리가 이 사실은 쉽게 인정할 수 있다.

그런데 아담의 죄가 몇 천 년 동안 유전되어 내가 죄인으로 태어났다? 이 원죄의 유전설에는 선뜻 동의가 되지는 않는다. 그러나 여기서도 부인할 수 없는 사실 하나가 있다. 인류의 죄가 그 아담 한 사람으로 인해 세상에 들어왔다는 것이다. 죄가 들어온 이상, 그 죄는 순식간에 사람들에게 전염되고, 사회 속에서 확장되어 악한 시스템이 구축된다. 그 결과 모든 사람이 그 죄의 영향력 아래에서 살아가게 되었다. 죄가 왕 노릇을 하고 우리는 그 죄의 종노릇 하며 사는 것이다. 그래서 인류의 역사란 한 사람의 죄로 인해 수많은 사람이 죽게 된 역사다.

아담의 죄는 금지된 선악과를 범함으로써 시작되었다. 선악과는 에덴동산에서 인간이 하나님과 교제하고 예배할 수 있도록 주신 선물이다. 먹고 싶은 대로 먹고, 하고 싶은 대로 하고 살면 동물과 다를 것이 없다. 그래서 엄격한 질서를 주신 것이다.

"아담아, 하나님을 예배하고 살아야 한다. 만물을 다스리는 능력이 하나님과의 관계에서 나오기 때문이다!"

그런데 아담은 하나님같이 된다는 뱀의 말에 속아 그 명령에 불순종한다. 하나님 없이 나 스스로 존재하는 왕이 되고 싶었던 것이다. 하나님과 동등해지려는 불순종의 죄가 세상에 들어오자마자 그 죄는 바로 아들에게 전염된다.

가인은 하나님이 자기의 제사를 받으시지 않는다고 분노하며 동생 아벨을 죽여 버린다. 그리고 자기의 힘(ability)과 노력(capacity)으로 성을 쌓아 장벽을 치고 그것을 의지하며 살아감으로써 자기방어를 위한 성 쌓기의 시초가 되었다. 성 쌓기는 종국에 바벨탑의 역사로 귀결된다. 자기 성을 쌓는 역사는 필연적으로 다른 이를 죽이고 억압하게 된다. 그렇게 인류의 역사는 제국주의로, 나치즘, 파시즘, 공산주의 등 수많은 파괴적인 자기 성 쌓는 역사로 되풀이된다.

우리는 그 역사의 피해자인 동시에 그 죄를 확장하며 또 다른 사람을 피해자로 만드는 적극적 참여자들이다. 그렇게 서로의 죄악이 합해지고 폭발하여 죄악이 관영해지는 거대한 사회악이 되는 것이다. 로마서 8장 38-39절에 나오는 싸움의 지평이 광대한 이유는 바로 이 방대한 죄의 확장성 때문이다. 그렇게 모두 죄에 종노릇하며 함께 죽어 가는 것이다. 사망이 왕노릇하면, 그 누구도 그 종노릇에서 해방될 수 없다. 그 이유는 간단하다. 온 인류가 아담을 인간의 대표자로 두었기 때문이다.

최종 승리로 끝난 대리전

죄의 역사의 대표자로 아담을 소개한 후 바울은 그 아담이 이제 오실 자의 모형이라고 역설한다.

> "그러나 아담으로부터 모세까지 아담의 범죄와 같은 죄를 짓
> 지 아니한 자들까지도 사망이 왕 노릇 하였나니 아담은 오실
> 자의 모형이라"(롬 5:14).

여기서 "모형"은 일종의 유형학(typology) 개념으로 '같은 유형과 방식'을 의미한다. 즉 대표성을 지닌 일정한 방식을 가리킨다. 아담이라는 한 사람으로 인해 죄가 세상에 들어와 모든 사람이 죽어야 했다. 물론 우리는 이러한 대표성의 모형이 전혀 마음에 들지는 않는다. 아담 때문에 왜 나까지 피해를 보아야 하느냐는 것이다. 그러나 이 모형을 주신 목적은 아담을 실패하게 해서 우리를 다 죽이시려는 것이 아니다. 나중에 오실 예수님이 십자가에서 순종할 때 이 같은 대표성의 방식으로 모든 믿는 자에게 생명을 주시기 위함이라는 것이다. 아담이 우리의 대표자가 된 것은 훗날 예수님이 대표성의 방식으로 십자가 승리를 우리 모두에게 구원의 선물로 주시기 위한 하나님의 의도된 사랑이라는 것이다.

"아니 하나님! 어떻게 당신의 아들이 십자가에서 죽었다고 모든 사람의 죄가 사해질 수 있습니까? 말이 됩니까?"

이렇게 사탄이 불평할 때, 하나님은 "그 모형은 네가 먼저 이

용한 것 아니냐? 네가 아담 한 명의 범죄를 통해서 수많은 사
람으로 하여금 죄에 종노릇하게 했잖아!"라며 창세기 3장 15절
의 언약대로 사탄에게 한 방 먹이신 것이다. 하나님은 아담이
죄를 범하자 사탄에게 "네가 그의 발꿈치를 상하게 했지만, 나
는 여자의 후손으로 하여금 네 머리를 상하게 할 것"이라고 저
주하시며 우리에게 구원을 약속해 주셨다. 장차 오실 예수님
이 사탄과의 싸움에서 완전한 승리를 거두실 것을 미리 약속
해 주신 것이다.

> "한 사람이 순종하지 아니함으로 많은 사람이 죄인 된 것같이
> 한 사람이 순종하심으로 많은 사람이 의인이 되리라"(롬 5:19).

아담의 대표성이 하나님과 같이 되려는 교만과 불순종이었
다면, 예수 그리스도의 대표성은 십자가에 죽기까지 복종하
는 순종이다.

> "그는 근본 하나님의 본체시나 하나님과 동등됨을 취할 것으
> 로 여기지 아니하시고 오히려 자기를 비워 종의 형체를 가지
> 사 사람들과 같이 되셨고 사람의 모양으로 나타나사 자기를
> 낮추시고 죽기까지 복종하셨으니 곧 십자가에 죽으심이라"
> (빌 2:6-8).

하나님과 동등 된 자가 자기를 낮추어서 우리와 같이 되셨다. 이 연합은 예수가 우리를 위한 완전한 대표자가 되시기 위함이다. 우리의 질고를 지고 우리의 허물을 감당하시되, 십자가에서 죽기까지 복종하셨다. 그렇게 우리를 위한 완전한 대표자가 되심으로 교만하여 불순종한 아담의 죄를 완전히 승리해 내신 것이다.

"이러므로 하나님이 그를 지극히 높여 모든 이름 위에 뛰어난 이름을 주사 하늘에 있는 자들과 땅에 있는 자들과 땅 아래에 있는 자들로 모든 무릎을 예수의 이름에 꿇게 하시고" (빌 2:9-10).

아담을 대표자로 삼아 모든 인간을 사망의 종이 되게 한 사탄의 세력을 예수의 이름 앞에 꿇게 하시고, 최종적인 승리를 거두신 것이다.

"한 사람의 범죄로 말미암아 사망이 그 한 사람을 통하여 왕 노릇 하였은즉 더욱 은혜와 의의 선물을 넘치게 받는 자들은 한 분 예수 그리스도를 통하여 생명 안에서 왕 노릇 하리로다"(롬 5:17).

이제 선택만이 남았다. 아담인가, 예수 그리스도인가? 누가 더 능력이 있는가? 넘치는 역사인가? 아담이 우리의 대표로 죄와 싸움에서 실패한 것은 예수님이 우리의 대표로 승리하시기 위함이다. 이탈리아와의 16강전처럼 대리전은 이미 우리의 최종 승리로 끝이 났다.

당신의 대표자를 바꾸라

세상의 모든 싸움은 사실 대리전이다. 우리를 대표해 대통령이 전 세계에 가서 우리 대신 외교전을 편다. 조합이나 단체는 각 사람의 이익을 대표해서 대표자들을 보내 협상하면 대표자들이 사인하고 그 영향이 그대로 모든 조합원에게 미치게 된다. 우리가 모든 운동을 다 잘할 수 없다. 그래서 우리는 대표선수를 뽑아서 우리 대신 그들이 경기에 나가서 이기면 온 국민이 내가 이긴듯이 열광의 도가니가 된다. 이스라엘과 블레셋의 싸움이지만, 다윗과 골리앗이 대표자로 싸우는 것이다. 다윗은 장차 오실 예수님의 모형이다. 현대전도 마찬가지다. 러시아와 우크라이나가 전쟁하지만 선택된 군인들만 대표자로 싸운다. 민간인을 죽이면 전범이 되어 재판받게 되는 것이다.

대표자들 때문에 실망하고 분노하는가? 남편 때문에, 아버지 때문에, 형 때문에 조직의 리더 한 사람 때문에 여러분의 삶이 엉망이 되었다고 생각하는가? 그들이 준 어려움과는 비교

할 수 없을 정도로 우리는 예수님 한 분으로 인해 더욱 넘치는
은혜와 의의 선물을 받은 자들이다. 예수님이 대표자가 되신
순간 내가 얼마나 축구를 잘하든 못하든, 능력이 있건 없건, 상
대적으로 의롭건 부족하건, 상관이 없다. 그분이 날 대신하여
싸워 승리해 놓으셨기 때문이다. 남편이나 아버지나 어떤 한
대표자가 실패한 것은 그 실패를 예수님이 역전시키시어 우리
에게 최종적 승리를 주시기 위한 복선이다.

> 내 힘만 의지할 때는 패할 수밖에 없도다
> 힘 있는 장수 나와서 날 대신하여 싸우네
> 이 장수 누군가 주 예수 그리스도 만군의 주로다
> 당할 자 누구랴 반드시 이기리로다
> _새찬송가 585장, <내 주는 강한 성이요>

은혜는 반드시 죄의 역사를 이긴다. 그리스도의 사랑은 절
대 지지 않는다. 죄의 전염성은 더욱 넘치는 은혜의 깊이와 넓
이 속에 다 용해되고 분해된다. 대표자들 때문에 실망하거나
그 한 명의 실패 때문에 서로 비판하고 갈등할 필요가 없다.

예수 그리스도를 믿어 의롭게 되었는가? 환난은 인내를, 인
내는 연단을 통해 소망을 이루는 삶을 갈망하는가? 그러면 예
수 그리스도께서 우리의 대장 되신 것을 믿어야 한다. 그가 우

리의 대표자다. 이제 우리가 할 일은 받은 은혜를 흘려보내서 차고 넘치게 하는 것이다. 그러면 우리 안에 아직 남아 있는 죄의 역사는 흔적도 없이 사라질 수밖에 없다. 이제 서로의 아담을 향해 불평하고, 비난하고, 원망하는 말은 끝내야 한다.

김 권사_ 저는 우리 집에 닥친 모든 환난이 결국 남편 때문이라고 원망했어요! 자신은 가족에게 최선을 다했다고 하지만, 아들들이나 저에게 언제나 자신의 방식만을 고집했거든요. 아마 자신의 힘으로 성공했다는 의식이 강해서인 것 같아요. 처음에는 남편 생각처럼 큰며느리가 들어와서 우리 집이 이렇게 되었다고 생각했지만, 큰아들이나 작은 녀석이나 결국 남편의 율법이 올무가 된 것 같아요. 이제 남편을 원망하는 마음을 버려야겠네요. 그런데 그게 잘 안되네요, 목사님!

이 목사_ 네, 맞아요. 권사님! 서로 원망하면서 가는 그 아담의 길의 종말은 이미 정해져 있습니다. 사망입니다. 그리고 그것은 정말 끝입니다. 죽음 이상 뭘 더 할 수 있을까요? 그러나 생명은 끝이 없습니다. 그래서 생명에만 넘침이란 말이 있어요. 권사님! 인내를 배우고 싶다고 하셨죠? 인내란 억지로 견디는 것이 아닙니다. 환난과 고난 속에서도 즐거워해 보는 거예요. 우리는 예수님이 이미 이긴 싸움을 '다시 보기' 하고 있기 때문이에요. 우리 대장 예수님이 아담의 실패를 이미 딛고 승리하셨잖아요?

김 권사_ 예수님이 우리 남편의 연약함을 이미 이기셨다는 것이죠?

이 목사_ 네 권사님! 이제 우리 장로님을 연약한 아담으로 생각하세요. 그러나 권사님이 아담을 이기려 하지는 마세요. 아담으로 시작된 불행의 역사에 집중하지 마세요. 그럼 꼬리에 꼬리를 무는 불평과 원망이 집안에 가득해질 뿐입니다. 대신 이제 예수님 한 분만으로 넘치는 은혜의 역사가 가정에서 일어나도록 기도해 보세요.

김 권사_ 구체적으로 어떻게 해야 할까요, 목사님?

이 목사_ 이제 조금씩 구체적인 방법을 알게 될 거예요. 기대해 주세요. 예수님이 권사님의 가정에 이미 이겨 놓으신 승리를 권사님과 장로님이 함께 꼭 경험하게 될 줄 믿습니다.

○

이미 장사된 자로서 자유하기(롬 6:1-11)

목회하다 보면 나의 능력(ability)이나 그 어떤 노력(capacity)으로도 도저히 해결할 수 없는 문제를 만나게 된다. 그리고 그 문제 앞에서 죽음과 같이 축 늘어져 있는 자신을 종종 발견한다. 어느 날 깊은 수렁 속에서 내 마음이 허우적거릴 때 로마서 6장의 한 구절이 살아서 내 마음을 두드렸다.

"그러므로 우리가 그의 죽으심과 합하여 세례를 받음으로 그와 함께 장사되었나니…"(롬 6:4).

아 그렇지! 나는 예수님과 함께 장사된 사람이지! 이 정체성이 내 마음에 훅 들어온 순간, 마음이 가벼워짐을 느꼈다. 해결할 수 없는 문제가 가중되어 내 어깨와 마음을 짓누르고 있었는데 편한 숨이 쉬어진 것이다. 야, 이거 직방인데! 이미 장사까지 치른 자가 무슨 할 말이 있다고! 이미 죽었는데 뭘 주장할게 있느냐고! 억울하게 욕을 먹던, 불합리한 일을 당하던 그게 무슨 상관이냐고! 장사된 자로서의 정체성이 발견되면서 오히려 생명의 기운이 조금씩 감도는 것을 느꼈다.

장사된 자로 살면 된다

나는 연약한 인간이다. 죽음의 권세자들이 주도하는 이 세상에 살고 있다. 그리고 그 권세자들과 최전선에서 사망과 생명을 넘나드는 영적 싸움을 하는 목회자다. 그래서 감당할 수 없는 짐에 어깨가 늘 눌려 있는 기분이다. 그럼에도 하나님은 분명 내가 생명이 넘치는 삶을 살기를 원하실 것이다.

내가 이미 죽었다는 사실이 나로 하여금 모든 문제에서 자유로워지게 했다. 목회를 하다 보면, 오히려 내가 어떤 의도와 목적을 가질 때 문제가 더 복잡해진다. 오히려 '나는 무익한 종이니 주님을 바라보며 그저 한 걸음씩만 나아가자!'라고 생각하면 어느새 풍랑이 잠잠해진 것을 발견한다. 더 나아가 '나는 이미 장사된 자'라고 생각하면, 부대낄 일이 없다. '이미 장사된 나 대신에 주님이 책임져 주실 테니 무슨 문제가 있겠는가!'라는 마음의 근력이 주어지는 것이다.

　그런데 환난과 고통을 참을 수 있다고 해도 도저히 참지 못하는 것이 있다. 사람들이 아무 근거 없이 나의 존재를 부정할 때다. 일방적으로 매도하고 거짓된 증거로 고소한다. 정의롭지 못한 구조 속으로 나를 밀어 넣고는 그것이 합리적이라며 나로 하여금 일방적인 피해를 강요할 때다. 나는 그런 부당한 대우를 받아도 되는 사람처럼 내 존재를 하찮게 여길 때만큼은 도저히 참지 못한다. 민주화 때 순수한 우리 언니요 착한 동생이었던 20대 초반의 여공들이 이 울분을 알리기 위해 몸을 던졌다. 죽음으로 자기 존재를 지키겠다는 것이다.

　그런데도 어떻게 인간이 자기를 부인할 수 있을까? 이미 죽어서 장사까지 했다는 사실이다. 나를 부인하고 죽는다는 것은 내가 노력하여 죽음으로써 조금씩 변하라는 말이 아니다. 그러면 우리는 절대 못 죽는다.

　이미 장사까지 치른 자가 될 때, 그리스도를 죽은 자 가운데서 살리신 그 능력이 우리에게 온전히 주어지는 것이다.

"만일 우리가 그의 죽으심과 같은 모양으로 연합한 자가 되었으면 또한 그의 부활과 같은 모양으로 연합한 자도 되리라"(롬 6:5).

"만일 우리가 그리스도와 함께 죽었으면 또한 그와 함께 살 줄을 믿노니"(롬 6:8).

바울은 우리가 죽어야만 한다는 당위를 말하는 것이 아니다. 죄를 멀리하고 죄로부터 떠나라고 권면하는 것도 아니다. 죄에 대하여 죽었다는 것이다. 그러나 그냥 죽은 것이 아니다.

"그가 죽으심은 죄에 대하여 단번에 죽으심이요…"(롬 6:10).

단번에 완전히 죽어 돌이킬 수 없이 끝난 것이다. 이 죽음이 무엇일까? 우리 인간은 자기의 힘(ability)과 노력(capacity)으로 자기 존재를 드러내며 스스로 가치를 입증해야 살 수 있다. 이것을 포기하는 자기 부인은 자아의 죽음과도 같다. 자기 부인이 얼마나 어려운가 하면, 예수님도 십자가를 지시기 전에 얼굴을 땅에 대고 땀방울이 핏방울 되도록 "이 잔을 내게서 지나가게 하옵소서 그러나 나의 원대로 마시옵고 아버지의 원대로 하옵소서"(마 26:39) 하고 치열하게 기도하셔야만 했다. 이처럼 자기 부인에는 고통이 수반된다.

놀라운 연합을 경험할 수 있는 곳

예수 그리스도가 나의 죄와 연합하여 십자가에 죽으신 것을 믿을 때, 자신의 힘으로 나의 존재를 입증하려는 시도는 이미 끝난 것이다. 이제 우리는 스스로 존재하는 자가 아닌 예수님

과 함께 연합된 자로 살 수밖에 없기 때문이다. 이 죽음의 모양
이 예수님이 우리의 대표자가 되어서 아담의 대표성을 최종적
으로 이기신 그 "모양"(typology)이다.

그의 죽으심과 같은 모양으로 연합한 우리가 이제 그의 부활
과 같은 모양으로 살아 승리하라고 주신 몸이 있다. 가정과 교
회다. 가정과 교회를 그리스도의 몸 된 연합체로 세워 가며 우
리는 예수님 안에서 죽고, 다시 사는 놀라운 연합을 경험한다.
이것이 앞으로 바울이 로마서 12-16장에서 전할 핵심 메시지
이기도 하다. 연합이라는 '모양' 안에는 언제나 자기를 부정하
게 만드는 갈등 요소가 있다. 결혼한다는 것은 그동안의 나는
죽고, 이제는 누구 엄마, 누구 아빠, 혹은 누구의 며느리와 사
위로 산다는 것이다. 이 삶이 얼마나 죽음처럼 힘든지 결혼해
서 오래 산 분이라면 잘 알 것이다. 자기를 죽이지 않고 부인하
지 않으면 연합은 불가능하다.

작은아들_ 목사님! 언제 한번 아내 될 사람과 인사드리고 싶은데,
시간 괜찮으신가요?

오랜만에 작은아들에게서 전화가 왔다. 지금은 아내 될 사
람과 다른 교회를 다니고 있는데 아직 결혼식을 할 만한 형편
은 안 되고, 혼인신고를 하기 전에 나에게 기도를 받고 싶다

140

고 했다. 축복 기도를 해 준 후, 결혼에 관한 권면의 말씀을 잠시 전했다.

"그러므로 사람이 부모를 떠나 그의 아내와 합하여 그 둘이 한 육체가 될지니"(엡 5:31).

이 목사_ 결혼은 두 사람이 연합하여 한 몸이 되는 위대한 창조의 과정입니다. 그런데 한평생 다른 부모 밑에서 살면서 자기 가치관과 성격과 기호가 이미 결정된 사람들이 결혼했다고 해서 정말 한 몸이 될 수 있을까요? 결혼으로 모든 문제가 해결되지는 않습니다. 결혼은 현실이니까요. 결혼이란 3만 5,000번의 식사 준비이고, 3만 번의 이부자리 정리와 7,000번의 화장실 청소입니다. 아기를 낳는다면 2년 기준으로 해서 기저귀를 4,320번 갈아야 하고, 둘을 낳는다면 8,640번을 가는 것입니다. 문제는 이것을 누가 하느냐입니다. 진정한 창조는 죽음이 있어야 가능합니다. 한 몸이 되는 창조는 두 사람이 반드시 죽어야 가능합니다. 내 옛 모습에다가 좀 더 상대방을 배려하고, 사랑해 주려고 노력하는 것은 죽는 것이 아닙니다. 두 분이 약 20년간 10번 이상은 죽어야 둘이 한 몸이 되어 50세부터 함께 늙어 가면서 진정한 결혼의 행복을 누릴 수 있습니다. 어떻게 죽을까요? 상대를 정말 사랑하면 상대의 아픔과 연약함이 나의 아픔이 돼요. 그러면 죽을 수 있습니다. 그런데 우리는 사랑할 능력이 없어요. 형제님, 그리고 자매님! 우리는 사랑의 창조자가 아니라 유통자입니다. 받은 만큼만 사랑할 수 있습니다.

우리는 이 십자가의 사랑으로 더 이상 채울 수 없을 정도로 완전한 사랑을 받은 자들이다. 천지를 지으신 창조주께서 내 몸에 오셔서, 내 몸과 연합하셔서 나 대신 십자가에서 저주를 받으시고 죽으셨다. 우리는 예수님과 연합된 몸이 된 것이다. 이제 예수님이 우리 대표자가 되신 것이다. 이제 그리스도 안에서 자기 사랑에서 탈피 당하며 절대 연합될 수 없는 다른 지체들과 이웃과 하나가 되어 가는 것이다. 생명으로 살기 위해서는 혼자 살 수 없다. 함께 연합하여 부부로, 가정으로, 교회로 사는 것이다.

이기고 싶을 때가 참 많다. 상대가 의도적으로 나의 가치를 손상시키거나 세상적 방식으로 싸움을 걸어올 때, 내 주장의 옳음을 증명하고 싶을 때 더 그렇다. 바로 그때 나는 이미 '장사된 자'라고 선포해야 한다. 우리는 더 이상 세상적 방식으로 싸워서 이길 수 없는 자들이다. 인간적 싸움에 대응만 안 해도 결코 더 깊은 수렁으로 빠지지 않는다. 사랑은 절대 지지 않는다!

마지막으로 부부가 될 두 사람에게 권면했다.

142

이 목사_ ○○형제, 자신의 사랑으로 ○○자매를 사랑하지 마십시오. 그 사랑은 지속될 수 없습니다. 그것은 자기 사랑이기 때문입니다. 먼저 형제를 위해 십자가에서 자신의 전부를 주신 그리스도의 사랑을 배우십시오. 그 사랑으로 ○○자매님을 먼저 사랑하시기를 바랍니다. 자매님에게 권면합니다. 자매님을 사랑하신 그리스도의 사랑 안에 먼저 거하십시오. 그 사랑으로 ○○형제를 섬기고 사랑하십시오. 그래서 ○○형제님 안에 그리스도의 사랑이 채워져 가정 안에 흐르게 하십시오. 두 분은 적어도 10번은 죽어야 3만 5,000번의 식사, 7,000번의 화장실 청소, 8,640번의 기저귀 갈이에 성공할 수 있습니다. 그래서 한평생 그리스도 안에서 재미있게 늙어 가시기를 축원합니다.

○

한 몸의 지체로서 연합하기(롬 6:12-25)

●

현대인치고 중독이 없는 사람은 없다고 한다. 알코올, 도박, 마약, 핸드폰, 온갖 약물, 성, 쇼핑, 그리고 일 중독 등 모든 중독은 분명 죄다. 죄의 종으로 사는 것이다. 그런데 중독을 혼자만의 힘(ability)과 노력(capacity)으로 싸워서 완전히 승리할 수 있을까?

중독에 관한 유명한 실험이 있다. 밴쿠버 대학 알렉산더 교수의 쥐 실험이다. 쥐들에게 평범한 물과 코카인이 든 물을 주었더니 거의 모든 쥐가 코카인이 든 물을 마시고 서서히 죽어갔다는 실험 결과가 있었다. 알렉산더 교수는 이 같은 결과에 대해 의문을 품고 이번에는 쥐들이 함께 어우러져 재미있게 놀 수 있는 쥐 공원을 만들어 주었다. 그러니 대부분의 쥐가 코카인이 든 물에 중독되지 않았다는 것이다. 이 실험은 인간이 어떻게 중독에서 이길 수 있는지 그 방법을 제시한다. 중독자에게 그 중독과 열심히 투쟁해서 스스로 승리하라는 지금까지의 방식이 틀렸다는 것이다. 중요한 것은 함께 더 의미 있고 재미 있는 일에 빠질 수 있는 연결(connection)과 참여(participation)를 먼저 제공하는 일이다.

죄의 종인가, 의의 종인가

그리스도의 모든 지체는 서로 연합하고 연락하여 그리스도의 한 몸을 이루는 연합체로 살아야 한다. 팬데믹의 여파 때문인지 어느덧 혼자 신앙생활 하는 것이 익숙해지는 것 같다. 그래서 점점 경험하기 힘든 것이 있다. 바로 이기는 삶이다. 우리의 연약함과 부족함에도 그리스도 안에서 넉넉히 이기는 경험이다. 이 승리는 혼자가 아닌 여럿이 함께 연합하여 경험하는 것이기 때문이다.

우리의 대장 예수님은 이미 승리하셨다. 그런데 왜 우리는 현실에서 그 승리를 경험하지 못하는 것일까? 먼저, 예수님 편에 서서 그분이 이기신 싸움에 참여해 보아야 한다. 그래서 바울은 "너희 지체를 의의 무기로 하나님께 드리라"(롬 6:13)라고 조언한다. 먼저 하나님의 선한 싸움에 우리 지체를 의의 종으로 내주는 것이다(롬 6:19). 그래야 그분의 승리가 나의 승리가 된다.

바울은 우리 인간의 가장 본질적 질문을 Who are you?(당
신은 누구인가)에서 Whose are you?(당신은 누구에게 속한 자인가)로
바꾸어 놓는다. 즉, 당신은 누구의 종으로 살고 있느냐는 것이
다. 어느 편에 구속되고 참여하면서 의미를 느끼는가? 죄의 종
인가, 의의 종인가?

그런데 우리 인간은 이 질문을 무척이나 싫어한다. 자유의
지를 가지고 스스로 나의 삶의 가치와 목적을 만들어 가는 것
을 진짜 삶이라 생각한다. 중세 이후 교회의 권력이 무너지고,
근대 이성의 시대가 도래하면서 인류는 무엇에 종속되지 않는
나만의 주체성을 얻고 싶어 했다. 모든 억압된 권력과 사상으
로부터 진정한 자유를 얻고 싶은 것이다.

그 결과, 인류는 르네상스를 거쳐 과학의 발달을 통해 불확
실성과 질병으로부터 자유해졌다. 또한 자본주의의 발달로 먹
고사는 문제로부터도 많이 자유로워졌다. 요사이 우리는 점심
만 되면 뭘 먹어야 할지 고민이다. 경제적으로 자유로워서 사
고 싶은 것, 하고 싶은 것을 다 하고 사는 것이 자유라고 생각
한다. 과연 마음대로 선택할 수 있다는 것이 진정한 자유일까?
그런데 선택권이 너무 많아지면 만족감이 확 떨어진다. 길에
있는 아무 카페에 들어가 봐도 커피의 종류만 10가지가 넘는
다. 따뜻한 라떼를 먹는 중에도, 차라리 아이스 아메리카노를

마실 걸 하고 후회할 때가 있다. 지나친 선택권은 선택한 것에 대한 만족감을 떨어뜨리기 마련이다. 그래서 우리는 좀 더 맛있는 것, 자극적인 것, 그리고 색다른 것을 찾아다닌다. 중독에 빠지는 것이다. 이 세상의 힘(power)에 구속되어 버리면 진정한 자유를 누리지 못하는 이유다.

나 자신(self)이라는 감옥

바울에게 진정한 자유함은 무엇이었을까?

> "나는 비천에 처할 줄도 알고 풍부에 처할 줄도 알아 모든 일 곧 배부름과 배고픔과 풍부와 궁핍에도 처할 줄 아는 일체의 비결을 배웠노라 내게 능력 주시는 자 안에서 내가 모든 것을 할 수 있느니라"(빌 4:12-13).

참 자유함은 하나님의 사랑이 내게 부은 바 되고 넘쳐흐르기 시작할 때 시작된다. 그 사랑으로 인해 비천에 처할 줄도 알고 풍부함을 누릴 줄도 아는 것이 자유다. 고기를 마음대로 먹는 것이 자유가 아니라, 형제의 연약함을 위해 그 형제가 시험당하지 않도록 고기를 먹지 않는 것이 자유라는 것이다. 그렇게 함께 풍요로움을 누릴 수 있지만, 또한 함께 가난해질 수도 있는 것이 자유다. 무엇에 구속되어 있는 것이 아니라, 하나님의 사랑(power)이 넘쳐흘러 낮은 곳으로 제한 없이 흘러갈 수 있는 것이 자유함의 본질이다.

땅값이 올라 갑자기 부자가 되어 시간적인 여유를 누리는 '졸부'의 대부분이 중독에 빠진다고 한다. 우리는 '돈으로부터', '노동으로부터' 탈출하여 진정한 자유를 누리고 싶어 한다. 하지만 내가 정작 원하는 자유를 쟁취하고 나면, 결코 해방될 수 없는 진짜 감옥이 나를 옥죈다는 사실을 알게 된다. 바로 나 자신(self)이라는 감옥이다.

처음에는 자유의지였다. 성공만 하면, 일단 돈을 충분히 벌면 가치 있게 쓰고 살 줄 알았다. 원하는 자유함을 얻기 위해 나를 바치지 않고 얻을 수 있는 것은 없다. 죽기 살기로 나의 손, 발, 열정과 노력을 다 들여야 한다. 자연히 습관적, 반복적이 되고 그것에 매여 살기 시작하는 것이다. 10억만 벌면 만족할까? 10억 벌면 20억 벌어야 하고, 그렇게 돈을 위해 나를 드리다가 결국 죄의 종이 되는 것이다. 아담 역시 하나님으로부터 자유로워지고 싶었다. 선악과를 따 먹고 스스로 선악을 아는 주체적 인간이 되고 싶었지만 결국, 자기 모습이 부끄러워 숨어 버리는 죄의 종이 되고 말았다.

"너희 자신을 종으로 내주어 누구에게 순종하든지 그 순종함을 받는 자의 종이 되는 줄을 너희가 알지 못하느냐 혹은 죄의 종으로 사망에 이르고 혹은 순종의 종으로 의에 이르느니라"

(롬 6:16).

진정한 자유함

《자유로부터의 도피》를 쓴 에리히 프롬에 따르면 2가지 자유가 있다고 한다. 첫 번째는 'freedom from' 즉 무엇으로부터의 자유다. 이것을 소극적 자유라고도 한다. 르네상스와 근대 산업혁명 이후 근대인들은 가난과 종교 권력으로부터 어느정도의 자유를 얻을 수는 있었다. 그런데 자유가 극대화되면서 사회적인 안정감과 소속감은 점점 희박해질 수밖에 없다. 권력이 개인을 속박하고 있었지만, 중세인들은 안정된 도시환경속에서 길드(동업자 모임)와 같은 경제적 연합체 속에서 인격적친밀함을 느낄 수 있었다. 그런데 근대에 이르자 개인은 무한한 자본주의의 경쟁 사회 속에 홀로 남게 되었다. 과거의 안정성과 소속감을 그리워한 독일인들은 다시 강력하게 자신들을 구속해 줄 새로운 힘의 탄생을 바랐다. 그 결과, 개인의 고독과 불안을 해소하기 위해 나치즘 같은 더 흉악한 권력에 스스로 종이 된 것이다.

그래서 에리히 프롬은 'freedom from'(소극적 자유)이 아닌

'freedom to'(적극적 자유)로 진정한 자유에 도달할 수 있다고 말한다. 가치를 향한 적극적 실천과 사랑하는 것에 몸을 투신하는 행위로 진정한 자유를 얻는 것이다. 그래서 바울은 먼저 너희 육신이 연약하기에 너희 지체를 의의 무기로 하나님께 드리라고 하는 것이다(롬 6:13). 먼저 십자가와 연합한 후 그의 선한 싸움에 적극적으로 참여하라고 권면한다. 결국, 우리는 내가 드리는 것에 종이 되기 때문이다.

요즘 당신의 눈이 보는 것은 무엇인가? 입으로 열심히 말하는 주제는 무엇이며, 발로 열심히 다니는 곳은 어디인가? 물론 핫플(hot place)에서 친구들을 만나고, 눈으로 유튜브와 드라마를 보며, 입을 즐기기 위해 맛집을 찾아다니는 것을 죄라고 단정하는 것은 아니다. 그런데 그 열매는 무엇일까?

> "너희가 그때에 무슨 열매를 얻었느냐 이제는 너희가 그 일을 부끄러워하나니 이는 그 마지막이 사망임이라"(롬 6:21).

우리는 결국 내 몸이 드리는 것에 대한 열매를 맺게 되어 있다. 혼자서는 절대 죄와 중독과의 싸움에서 이길 수가 없다. 부부가 되어 가정을 이룬다는 것은 'freedom from'이 아닌 'freedom to'의 자유다. 부부가 되면 경제적으로 시간적으로 나만의 자유를 누릴 엄두를 못 낸다. 그렇게 자신이 먹고 싶은 것, 쓰고 싶은 것을 참으면서 남편과 아내, 그리고 자녀의 교육을 위해 나의 자유를 제한한다. 그런데 집에 가서 자녀가 "아빠"하고 달려올 때, 가장 큰 자유함이 내 마음에 쏟아지는 이유는 무엇일까?

함께 주님의 손과 발과 눈이 되어 예배하고 세상을 치유하고 섬기는 일에 우리 자신을 드릴 때 세상을 이기신 그분의 승리를 경험하는 것이다. 우리가 아무리 죄인이라지만 예배 시간에 우리의 입술로 찬양하며 죄를 범하지는 않는다. 우리 귀가 그분의 말씀을 청종할 때만큼은 죄악 된 생각이 나지는 않을 것이다. 그렇게 세상이 주는 코카인 물을 마시는 것이 아니라, 하나님 나라라는 생명 샘물을 함께 마시는 것이다. 영적 놀이터에서 행복한 삶을 살다 보면, 거룩은 자연히 이루어진다. 그렇게 마지막에 맺는 열매가 영생이다(롬 6:22).

김 권사_ 작은아이의 일 이후로 구역모임에 나가면 이것저것 물어보는 것도 신경 쓰이고, 교회 사람들을 만나기가 부담스럽고 해서, 주일날 혼자 영상 예배를 드렸어요. 맨 처음에는 신경 쓸 것 없고 편했는데, 예배에서 힘을 받지 못하니 점점 삶이 힘들어지는 것 같아요. 전에는 교회에서 여러 봉사할 때 몸은 힘들었지만 지금 생각해 보니 삶의 활력소가 된 것 같아요. 요즘 사는 게 사는 것 같지 않네요.

이 목사_ 맞아요. 권사님! 그동안 '이게 사는 거지! 이렇게 이기는구나!' 하고 승리를 제대로 누리지 못하셨다면, 스스로 신앙생활했기 때문입니다. 권사님이 지금 바로 행복해질 수 있는 방법이 있어요. 행복한 사람들과 연합하는 것입니다. 찬양하는 사람들과 함께 찬양하고, 감사하는 지체들과 함께 감사해 보세요. 권사님! 우리 이긴 편이 되자고요. 일단 다음 주부터 다시 성가대부터 시작하시는 것이 어떠세요? 권사님의 입과 손과 발을 의의 무기로 하나님께 드려 보세요. 서로 지체가 되어 그리스도의 몸을 이룬 교회는 세상에서 질 수가 없습니다. 사랑은 절대 지지 않는다! 이것이 우리가 승리하는 방식입니다.

사랑, 그 풍성한 능력을
발휘하라

로마서 7-8장

○

율법이라는
옛 남편을 쫓아내라(롬 7:1-13)

●

　당신은 직장 회식 때 가는 고기 뷔페를 선호하는가? 아니면 아내 혹은 어머니가 끓여 준 된장찌개에 더 마음이 가는가?

　우리가 능력을 발휘하여 나의 존재를 인정받고 더불어 돈까지 받는 곳은 사회다. 그런데 왜 우리는 고기와 술을 마음껏 먹고 마실 수 있는 직장 회식을 마다하고 집에서 아내가 끓여 주는 된장찌개로 발걸음이 종종대곤 할까?

　이제 중학생이 된 아들 녀석이 현관문을 열면서 "아! 집이다!" 하고 짧은 한숨을 쉬고는 가방을 툭 던져놓는다. 이내 목소리가 밝아지면서 "엄마, 아빠 저 왔어요!"라며 반색한다.

완벽한 공정함은 가능한가

사회에서는 다양한 생각과 가치를 가지고 있는 사람들이 제한된 재화와 좁은 공간 속에서 살아간다. 그래서 현대사회에서 살아가기 위한 가장 기본적인 질서가 경쟁이다. 그 경쟁을 공정하게 하는 강력한 법도 필요하다. 피만 안 흘릴 뿐 약육강식의 세계다. 내가 경쟁력을 유지하고는 있는지, 우리의 시장 우위가 빼앗기는 것은 아닌지 항상 비교, 분석하며 긴장하는 삶을 살아야 한다. 좋은 게 좋은 거지 하는 태도로는 사회에서 살아남을 수 없다. 직장에서도 지금 함께 웃는 동료가 언제 경쟁자가 될지 모르기 때문이다. 그런데 집에 와서 엄마나 아내를 보는 순간, 순식간에 긴장이 풀어진다. 그리운 집이 주는 넉넉함, 그 어떤 나의 모습도 품어 줄 수 있는 따뜻함이 있기 때문이다.

그러나 사회는 따뜻하기만 하면 발전할 수가 없다. 모든 사람이 공정하게 살아가는 질서가 무너지면 안 되기 때문이다. 아빠 찬스를 쓰거나 거대 기업이 특정 사업에 몰아주기식의 경쟁을 제지하는 강력한 법도 필요하다. 그래야 그나마 약자들이 공정한 경쟁을 할 수 있기 때문이다. 그렇다면 법은 완벽할까? 사람마다 그 공정하다는 개념과 공평하다는 생각이 다 다르다. 대부분 자기 상황이 자기 논리를 만들어 공정성을 주장하기도 한다. 그래서 법이라는 강력한 힘이 강제적으로 공정의 균형을 맞추는 것이다.

어떤 사람이 스쿨존에서 32km로 서행하고 있었는데, 한 아이가 무단횡단하다가 차에 부딪혔다. 제한 속도보다 2km가 넘었다고 기소되어서 3년 형을 받고 감옥에 갔다. 너무 억울해서 2심, 그리고 대법원까지 간다. 그러나 아무리 뛰어난 판사라도 양쪽에 완벽한 공정함을 줄 수 있을까?

작은아들은 처음에는 형을 법적으로 고소해야 한다고 주장했다고 한다. 아버지가 안 하시면 자기라도 하겠다고 하니 권 사님이 부모 욕 먹이지 말라고 애원해서 포기했다고 한다. 왜 사람들은 형제끼리의 법정 싸움을 부모 욕 먹이는 것으로 인식할까?

어떤 자매가 생일날 명품 옷을 산 후 옷장에 고이 걸어 놓았다. 어느 날 소개팅할 때 입고 가려고 옷장을 열어보니 옷이 없어졌다. 알고 보니 언니가 입고 나간 것이다. 그럼 그 언니도 경찰에 신고해야 할까? 그냥 티격태격하다가 끝낼 것이다. 신고하면 부모 망신이다. 가정이란 부모의 절대적 사랑을 근간으로 살아가는 곳이기 때문이다.

사회는 정의로워야 한다. 기회는 평등하고, 과정은 공정하며, 결과는 정의로워야 한다. 그런데 정의로운 가정을 들어보았는가? 우리 가정 진짜 정의롭다! 우리 집에서는 모든 기회가 평등하게 배분되고, 과정은 공정해서 정의가 실현된다고! 그런 가정이 있다면 뛰쳐나오고 싶지 않을까? 교회도 마찬가지다. 행복한 교회, 사랑의 교회, 우리 교회, 아름다운 교회는 있어도 정의로운 교회, 공정한 교회, 평등한 교회를 들어보았는가? 그럼 이제 당신이 선택해 보라. 어떤 곳을 당신의 Home(삶의 주된 장소)으로 삼을 것인가? 법이 주관하는 정의 사회인가, 아니면 부모 혹은 서로의 사랑이 주관하는 행복한 가정인가? 그래서 우리는 산해진미의 회식 자리보다 아내 혹은 남편이 끓여 주는 된장찌개를 더 그리워하는 것이 아닐까? 권사님의 말만 듣고 단정 지을 수 없겠지만, 만일 장로님이 자기 율법으로 가정을 다스리려고 했다면, 자기만의 가정을 꿈꾸는 작은아들의 마음이 어느 정도는 이해된다.

법의 구속력

우리 삶의 핵심적 질문은 Who are you?(당신은 누구인가)가 아닌 Whose are you?(당신은 누구에게 속한 자인가)이다. 누구에게 속한 자라는 것은 어떤 법이 너를 주관하고 관장하느냐는 것이다. 율법이 우리를 주장하면 우리는 아직 죄의 종이고, 은혜와 사랑의 법이 우리를 주장하면 우리는 의의 종이라는 것이다. 이 사실을 구체적으로 설명하기 위해 사도 바울은 결혼을 비유로 설명한다.

로마나 유대 사회는 '법'이 강력하게 그 사회 구성원을 지배했다. 법이 일단 설정되면, 무엇으로도 예외가 있을 수 없다. 남녀가 결혼한 후 법으로 공포되면 그 법의 구속력은 영원하다. 남자가 매일 술 먹고 집에 와서 행패를 부린다. 의처증이 있어서 부인은 집안에 가두고 감시하고 명령만 한다. 마음 같아서는 그 남자로부터 도망가서 다른 살림을 차리고 싶지만 불가능하다. 법적으로 아직 혼인 관계에 있으므로 간음죄로 걸려 죽을 수 있다. 그런데 이 불쌍한 여인이 그 끔찍한 법의 구속력에서 자유해질 수 있는 방법이 딱 하나 있다.

"그러므로 만일 그 남편 생전에 다른 남자에게 가면 음녀라 그러나 만일 남편이 죽으면 그 법에서 자유롭게 되나니 다른 남자에게 갈지라도 음녀가 되지 아니하느니라"(롬 7:3).

남편이 죽으면 된다. 죽음으로 법적 효력이 상실되기 때문이다. 남편이 바람이 나서 집을 나갔는데 들어오지 않는다. 10년이 지났는데 어디에서 죽었다는 소문이 들린다. 그런데 시신을 찾지 못해 죽음을 증명할 길이 없다. 애들은 크는데 여성이라 사회활동을 할 수도 없다. 그런 자기 가족을 보호해 주고 있는 한 남자와 사랑을 키워 가고는 있지만, 재혼은 꿈도 못 꾼다. 그래서 시신이라도 찾게 해 달라고 매일 기도하는 것이다.

"그러므로 우리가 그의 죽으심과 합하여 세례를 받음으로 그
와 함께 장사되었나니"(롬 6:4).

그래서 사도 바울은 우리가 율법에 대해 장사까지 치른 완
전히 죽은 자라는 것을 강조한다.

법은 많은 한계성을 가지고 있다. 우선 모두를 수긍하게 하
는 완벽한 정의는 없다. 특정인에게 완벽한 정의가 다른 이에
게는 한없이 불의한 것이 될 수도 있기 때문이다. 상황에 따라
서 그리고 어떻게 적용되고 해석되는지에 따라 정의의 내용도
달라진다. 다양한 상황에 따라 해석하고 판결하는 법의 전문가
도 있지만, 때론 판사들조차 전관예우 등 서로 다른 잣대를 가
지고 있다. 유전무죄 무전유죄라는 말도 있지 않은가? 그럼 아
예 모든 가능한 상황마다 적용할 수 있는 다양하고 촘촘한 법
을 다 만들어 놓으면 어떨까?

그런 법 만능주의 사회는 모든 사람을 잠재적 범법자가 되
게 한다.

"5만 원 이상 선물은 다 위법이고, 여기는 30km 이하로만
달려야 하고, 저기는 20km로 달려야 합니다."

모든 사람이 법의 규제를 받아야 하는 법의 노예가 되는 것

이다. 바리새인들은 하나님이 주신 계명을 613개의 자신의 법으로 세부적으로 나누어 버렸다. 그렇게 율법으로 이스라엘 백성의 삶을 완전히 구속해 버리는 것이다. 우리 연약한 인간이 어떻게 모든 법을 지킬 수 있겠는가? 그래서 오늘 남편이 집에 와서 자기 법을 들이대며, 왜 내가 말한 대로 정리하지 않고 이딴 식으로 정리했느냐고, 정죄할까 두려움으로 사는 여인이 되었다는 것이다.

율법이 할 수 없는 일

그럼 율법이 모두 다 악한 것일까?

"그런즉 우리가 무슨 말을 하리요 율법이 죄냐 그럴 수 없느니라 율법으로 말미암지 않고는 내가 죄를 알지 못하였으니 곧 율법이 탐내지 말라 하지 아니하였더라면 내가 탐심을 알지 못하였으리라"(롬 7:7).

율법에는 선하신 하나님의 뜻이 있다. 문제는 율법주의다. 탐욕은 죄라는 계명이 있기 전까지 우리는 탐욕이 죄인지도 모른 채 살아간다. 그 법이 생긴 후에야 내 연약한 육신으로는 지킬 수 없는 우리의 죄의 본성을 깨닫게 되는 것이다. 이것이 율법의 순기능이다.

"전에 율법을 깨닫지 못했을 때에는 내가 살았더니 계명이 이

르매 죄는 살아나고 나는 죽었도다"(롬 7:9).

"이는 계명으로 말미암아 죄로 심히 죄 되게 하려 함이라"(롬 7:13).

율법은 내가 죄인이란 사실을 거부할 수 없게 만든다. 그래
서 십자가의 은혜를 겸손히 구하게 한다. 그러나 법이 인간의
문제를 최종적으로 해결해 줄 수 있을까? 언제나 승자와 패자
만 있게 할 뿐이다. 죄에 관한 입장과 치러야 할 죗값에 대한
계산이 서로 다르다. 피고와 원고는 끝까지 싸우게 되고 종국
에는 법이 강제적으로 3년이란 균형점을 주지만, 완전히 받아
들일 수 없는 것이다. 이 지긋지긋한 율법의 구속으로부터 완
전히 해방되는 방법이 있다. 그리스도의 몸으로 말미암아 율법
에 대해서 완전히 죽임을 당하면 된다.

"그러므로 내 형제들아 너희도 그리스도의 몸으로 말미암아

율법에 대하여 죽임을 당하였으니"(롬 7:4).

예수 그리스도가 자기 몸을 우리의 죄 사함을 위해 내주신
그 피 값은 우리 죄와는 비교가 안 되는 엄청난 값이다. 하나

님이 자신의 생명으로 치르신 값이기 때문이다. 사탄은 율법을 들이밀면서 이 사람의 죄에 대한 상당한 값을 치러야 한다고 요구한다. 이때 하나님이 십자가에서 자신의 피와 물을 전부 쏟아 내신 그리스도의 몸을 보여 주신다. 더 요구할 것 있어? 그리스도의 몸은 언제나 율법이 요구한 값을 충분하고도 완벽히 치러 내시는 것이다. 그렇게 첫째 남편과의 율법적 관계를 완전히 끊어 내신다. 그래서 바울은 '그리스도의 몸'으로 말미암아 율법에 대하여 죽임을 당했다고 하는 것이다.

> "누가 능히 하나님께서 택하신 자들을 고발하리요 의롭다 하
> 신 이는 하나님이시니"(롬 8:33).

그래서 술 먹고 행패 부리며 자신의 법만 요구하는 전남편에게 당당히 가서 그가 준 가락지를 빼서 던지고는 관계가 끝났음을 선포하는 것이다. 그리고 연약한 나의 모습을 그대로 사랑해 주시는 그분에게 보란 듯이 새로 시집가는 것이다.

옛날에는 남편에게 책잡히기 싫어서 남편이 요구한 그 '법'에 억지로 맞춰 주는 척만 했다. 그런데 이제 억지나 노력으로 하는 것이 아니다. 서로 사랑으로 섬겨 주니 남편을 위해 헌신하는 모든 일이 나의 기쁨이 되어 돌아오기 때문이다.

"이제는 우리가 얽매였던 것에 대하여 죽었으므로 율법에서 벗어났으니 이러므로 우리가 영의 새로운 것으로 섬길 것이요"(롬 7:6).

칠십을 평생 독신으로 사는 할머니가 있었다. 공부도 많이 하고 사회적으로 성공한 여성이다. 평소 스트레스가 많아 담배를 피웠는데, 가족들이 사정하고 담배 때문에 민망한 일을 당해도 결국 못 끊었다. 그런데 75세 된 어떤 할아버지를 소개받았다. 만날 때마다 설레며 보고 싶어 안달이 난다. 어느 날 할아버지가 조심스레 말을 꺼낸다.

"당신은 매력적이고 지적이고, '이렇게 완벽한 여인이 있을까?' 싶은데 가끔 당신 몸에서 나는 그 담배 냄새가 설레는 마음을 깨 버린다오."

70대 할머니는 언제부터 담배를 끊었을까? 그날 밤부터다. 내 힘으로는 절대 못 끊는다. 그러나 사랑받기 시작할 때, 그래서 사랑으로 변화하기 시작할 때 우리는 도저히 율법으로 할 수 없는 것을 이루어 내기 시작한다.

정의로운 사회가 아닌 풍성한 사랑 안에 살라

십자가의 사랑을 경험했다고 하면서 율법에 대해 완전히 죽기를 거부하는 자들이 있다. 새 결혼을 했으면서도 아직도 전 남편이나 애인과의 관계를 완전히 청산하지 못한 사람이다. 심지어 전남편을 사랑하지도 않는다. 그와 사는 하루하루가 지옥이다. 지금 사랑하는 다른 남자도 있다. 하지만 결코 이혼 서류에 도장 찍지 않는다. 보상금, 위로금, 법적으로 보장한 만큼 다 받아 내야 하기 때문이다. 그러면서 그 끔찍한 지옥 같은 삶을 매일 반복하는 것이다.

신앙생활 하면서 아직도 그 율법을 청산하지 않고, 한쪽에 모셔 놓고 자식에게, 친구에게, 시댁 식구들에게 필요할 때마다 쓱 꺼내 쓰면서 요구하는 사람들이 있다. 옆 사람이 내 **뺨**을 때리면 꼭 받은 그것만큼 돌려주어야 직성이 풀리는 것이다. 그렇게 서로를 율법으로 구속하는 것이다.

세상에서 가장 비참하게 가정 생활하는 사람이 있다. 정의로운 가정으로 만들려는 사람이다. 인간적인 기준과 법으로 배우자와 자녀를 구속하고 옭아 매는 사람들이다. 이 세상에서 가장 불행하게 교회 생활하는 사람들도 있다. 정의로운 교회를 세우고 싶은 사람들이다. 본인은 1만 달란트 탕감받았음에도 율법이라는 옛 남편을 내세우면서 자신의 봉사와 헌신액을 주장하며 자신의 가치를 인정받으려는 교인이다. 그들은 사회에서 성공할 수는 있겠지만, 집에서 아내가 끓여 주는 된장찌개의 그 감동을 전혀 맛볼 수 없다. 그는 예수 그리스도가 그 사랑으로 치러 내신 몸값의 능력(power)을 아직도 모르는 것이다.

1만 달란트의 현재 가치는 12조 원 이상이다. 그런데 그 엄청난 값을 완전히 탕감받았다는 사실을 모른다. 그래서 마음의 근력이 없다. 하루하루 자신의 힘(ability)으로 일해서 한 데나리온씩 벌면서 1만 달란트를 갚아 나가려고 하니 마음이 천근만근이다. 1만 달란트라는 빚의 양과 1만 km라는 거리에 완전히 구속되기 때문이다. 그 압박감에 남편이나 아내, 형제들이 빌린 한 데나리온을 갚으라고 감옥까지 보내는 것이다.

1만 달란트를 탕감받았음에도 불구하고, 결국 감옥 같은 삶을 사는 것이다.

김 권사_ 목사님! 저도 새 시집가면 안 될까요? 저도 당당하게 남편에게 결혼반지를 던져 주고 예수님과 새로 결혼하고 싶어요. 오늘 말씀은 남편이 꼭 들어야 할 것 같아요. 언제 장로님도 만나 주세요.

이 목사_ 권사님! 그런데 오늘 말씀을 다시 들어야 할 사람은 권사님 같은데요?

김 권사_ 네?

이 목사_ 권사님이 결혼반지를 빼서 던지고 당당하게 쫓아 보내야 할 대상은 장로님이 아니라 율법입니다. 물론 장로님의 율법적 요구가 있었다면, 많이 힘드셨을 것 같아요. 그런데 보통은 서로가 서로에게 요구하고 주장하고 옭아매는 것이 율법이에요. 제가 한번 물어볼게요. 각방 쓰신다고 하셨는데 안방에서 나오신 것이 장로님이세요, 권사님이세요?

김 권사_ 제가 그냥 나왔는데요!

이 목사_ 그럼 권사님, 이번 주에 맛있는 된장찌개 끓여서 장로님과 함께 드신 적은 있으세요?

김 권사_ 서로 스케줄이 다르니깐, 그냥 찌개며 국이며 반찬하고 냉장고에 가득 넣어 놔요!

이 목사_ 그럼 요즘 식사도 따로 하시는 거예요?

김 권사_ 주로 그렇지요, 뭐.

이 목사_ 그럼 권사님도 장로님에 대해서 마음 한편으로 자신만의 율법이 있는 것 아닌가요?

김 권사_ 그런가요?

이 목사_ 그 율법이 옛 남편입니다. 그 율법을 권사님의 마음에서 완전히 쫓아내 버리세요.

김 권사_ 그럼 장로님의 율법은 그대로 있어도 된다는 것인가요?

이 목사_ 권사님! 기억하시죠? 우리는 이미 죽은 자라는 것을, 장사까지 치른 자들입니다. 예수님이 그 몸과 피 값으로 구원하신 것 믿으시죠? 그럼 권사님은 이미 그리스도의 몸으로 율법에 대해 죽임을 당했잖아요. 이미 죽은 자가 당신은 왜 안 죽느냐고 요구할 수는 없잖아요? 죽은 자가 먼저 흘려보내는 거예요. 권사님이 먼저 율법에 대해서 죽고, 그리스도의 사랑이 살게 하세요. 그래서 장로님의 마음에 그 사랑이 흐르게 해 보세요. 할 수 있는 만큼만요. 그럼 언젠가는 그 은혜로 장로님의 율법도 죽지 않겠어요?

권사님! 죽을 것같이 힘드시겠지만, 오늘 저와 약속 하나 해요. 아니, 하나님의 말씀에 한번 순종해 보세요. 오늘 밤 그냥 아무 말 하지 않고, 다시 안방으로 들어가세요. 조건 없이요. 그것이 전남편에게 결혼반지를 빼서 던지고 쫓아내는 거예요. 그리고 내일 아침 보글보글 끓는 된장찌개 끓여서 꼭 함께 드세요.

○

한탄이 감탄이 되게 하라(롬 7:14-25)

●

인간이 동물보다 뛰어나다는 가장 강력한 증거가 무엇일까? 키르케고르에 따르면 절망할 수 있다는 것이다. 자기 힘(ability)과 노력(capacity)으로 세운 '자기 성'이 무너지는 한탄 속에서 우리는 진정한 복음의 능력(power)을 경험하며 감탄하게 된다.

절망은 인간의 가치를 뛰어나게 만든다. 그러나 우리의 가치를 나락으로 떨어뜨리는 절망도 있다. 키르케고르는 이런 절망을 '자신이 절망에 빠져 있음을 알지 못하는 절망'이라고 한다. 알코올 중독자들이 가장 괴로울 때는 술에 취해 있다가 깨어나는 순간이라고 한다. 절망스러운 자아를 마주하는 것이 가장 큰 고통이다. 그래서 그 절망적인 상황을 회피하기 위해 또다시 술을 마시는 것이다. 그런데 우리 인간이 술에만 취해 있을까? 누구는 성공에 취해 있고, 권력의 자리에 취해 있고, 누구는 돈 버는 재미에 취해 있고, 누구는 자동차, 명품에 중독된다. 그 가짜 힘이 주는 행복감이 얼마나 유지될 수 있을까?

절망과 맞서는 법

이보다 좀 나은 절망이 있다. 그것은 "자신이 절망하고 있음을 깨닫는 절망"이다. 이 단계에 이른 자들은 삶의 불안과 고통을 가벼운 유희 거리를 통해 대리 만족함으로 해결하지는 않는다. 인간은 누구나 무한한 가능성(capacity)을 꿈꾼다. 하지만 노력하면 노력할수록 자기 유한성이라는 높은 벽 앞에서 절망할 뿐이다. 그 유한성을 극복할 힘도, 건강도, 도덕성도 우리에게 없다. 그래서 두 번째 부류의 사람들은 절망 속에 주저앉아 버리거나, 자기 자신이 너무 싫은 나머지 다른 옷을 계속 바꾸어 입는다. 좀 더 유능하고 매력적으로 보이고 싶어 자신을 채찍질하기도 하고 변장하기도 하지만, 언젠가는 또 절망에 빠지게 될 것이라는 그 절망을 연습하며 살아간다.

그럼 제대로 절망할 수 있는 뛰어난 사람들은 누구일까? 바로 자신에 대해 제대로 절망하지만, 그 절망에 완전히 빠져 있지는 않은 사람들이다. 키르케고르는 절망 자체가 죄가 된다고 보지는 않았다. 유한한 존재인 이상 절망은 당연한 것이다. 절

망에 계속 머물러 있으려는 의지, 즉 술에 깬 자신과 마주하고
싶지 않아 술을 계속 찾는 의지를 죄라고 생각했다. 키르케고
르는《죽음에 이르는 병》이란 책을 통해 절망을 없애는 방법이
아닌, 절망과 맞서는 방법을 제시한다.

바울은 그 방법에 대해 이렇게 말한다.

"오호라 나는 곤고한 사람이로다 이 사망의 몸에서 누가 나를
건져내랴 우리 주 예수 그리스도로 말미암아 하나님께 감사하
리로다"(롬 7:24-25).

절망스러운 내 자아에 대해서는 한탄하지만, 가능성 없는
나를 위해서 하나님 자신이 인간의 몸을 입으시고, 십자가에서
죽으실 만큼 절대적인 사랑에 감탄하는 것이다. 자신의 ability
와 capacity에 대한 한탄에 빠졌다가도 자신도 모르게 하나님
의 능력(power)을 감탄하게 된다.

이 감탄지수가 곧 행복지수가 되고, 행복지수가 높을수록
마음의 근력이 단단하게 된다. 우리는 행복해서 감사한 것이
아니라 감사해서 행복해지는 존재이기 때문이다. 감사란 감탄
이다. 전혀 기대하지 않았고 계산하지도 않았던 것이 거저 주
어졌을 때 감탄하며 감사하게 된다. "정말! 이것을 그냥 나에게
주는 거야? 꼭 필요했었는데 고마워!" 이렇게 말하는 것이다.

아무리 값비싼 음식을 먹어도 몇 번 먹어 보면, 이제 먹기 전에 우리 뇌가 그 맛을 그려 낸다. 그리고 우리 혀는 이미 경험했던 맛을 그대로 재현해 내어 곧 그 맛에 질리게 한다. 사람을 만나도 항상 내 필요나 서로의 계산이 맞아야 만난다면, 곧 뻔한 만남이 된다. 그래서 감탄이 없다. 그러면 감사함도 없다는 뜻이다. 왜 감탄이 없을까? 한탄이 없기 때문이다. 제대로 절망해 본 적이 없다는 것이다. "내가 이만큼 노력했는데, 이 정도는 돼야 하잖아!"라고 주장할 뿐 자신에 대해 절망해 보지 않은 사람은 감사할 수 없다.

구원받았다는 강력한 증거

로마서 7장 14절부터 23절까지는 바울의 한탄의 노래다.

바울은 지금까지 율법에 구속된 우리가 예수 그리스도의 사랑 안에서 새로운 생명을 얻게 되었음을 선포하며, 새사람의 삶을 기대하게 만들었다. 그런데 갑자기 14절에서 '죄 아래 팔렸도다'라는 충격적인 고백을 한다. 이 죄의 법이 얼마나 무시무시하고 생생한지 옴짝달싹 못 하게 사로잡힌 자신을 보며, '오호라, 오호라!' 한탄하는 것이다. 바울은 "우리가 알거니와 하나님을 사랑하는 자 곧 그의 뜻대로 부르심을 입은 자들에게는 모든 것이 합력하여 선을 이루느니라"(롬 8:28)라고 말한다.

하지만 서투른 희망만을 말하지 않는다. 그것은 감탄이 아니기 때문이다. 인간 실존의 거부할 수 없는 절망을 피상적인 은혜로 슬쩍 가려 놓고는 진정한 구원에 대한 감격이 나올 수 없다.

그 절망은 어떻게 시작되었을까? 내 지체 속에 죄의 법 외에 다른 법이 생겨났기 때문이다(롬 7:23). 바로 은혜의 법이다. 그 법이 생기기 전에는 '자신이 절망에 빠져 있음을 알지 못하는 절망' 속에만 있었다. 육신이 원하는 대로 하면 되니 절망할 필요가 없다. 술 마시고 싶을 때 술 마시고, 놀고 싶을 때 놀면 된다. 열매는 없다. 열매 없는 삶이 두렵기는 하지만, 그 두려움을 잊도록 만들어 주는 유희 거리들이 널려 있다. 죄와 싸워보지 않은 자는 그 죄에 대해 절망할 일이 없다.

그랬던 사람이 이전보다 더 깊은 절망을 경험한다. 싸움이 시작되었기 때문이다. 결코 승리를 맛볼 수 없는 사람들이 있다. 싸움이 필요 없는 자들이다. 그들에게는 육신의 법만 있기 때문이다. 그런 자가 십자가의 사랑에 이끌려서 하나님의 법을 따르며 즐거워하는 속사람이 생긴 것이다(롬 7:22). 물론, 육체로 사는 우리 안에는 죄를 따르려는 죄의 법이 아직 존재하고 있다. 이 두 가지 법이 공존함으로 인해서 바울 안에 전에 없었던 놀라운 일이 시작되었는데, 이것이 바로 영적 '싸움'이다.

"내 지체 속에서 한 다른 법이 내 마음의 법과 싸워 내 지체 속에 있는 죄의 법으로 나를 사로잡는 것을 보는도다"(롬 7:23).

당신이 구원을 받았는지 바로 알 수 있는 가장 강력한 증거가 있다. 이 싸움이 생겼느냐는 것이다. 내 안에 은혜의 법이 있다는 가장 강력한 증거는 '시험'에 빠진다는 것이다. 교회에서 은혜 받고 집에 갈 때마다 남편과 자녀 때문에 시험에 빠지게 된다. 예수님도 광야에서 40일 금식하시고 성령의 충만하심을 입으셨을 때 시험당하셨다. 물론 예수님은 이기셨지만, 우리는 꼭 진다.

"그래, 예수님이 나를 있는 그대로 사랑해 주셨지, 그래서 내 남편도 있는 모습 그대로 나에게 주신 거야! 그 모습을 사랑해야 진짜 사랑하는 거지!"

그리고 집에 갔는데, 남편이 진짜 그 모습 그대로 있는 것이다. 자기도 모르게 싸움을 시작하고, 그렇게 한참 동안 서로에게 깊은 상처를 주고 나서야 비로소 깨닫는다. "하나님, 오늘 또 졌네요." 왜 우리는 은혜를 받으면 꼭 시험에 들까? 하나님의 법을 따르려는 속사람이 생겨서다. 그래서 하나님의 선을 행하려는 마음이 생겼지만, 원함만 있지 행할 능력은 없는 것이다(롬 7:18).

그래서 전에는 전혀 보이지 않았던 것이 보이기 시작한다.

"내 지체 속에서 한 다른 법이 내 마음의 법과 싸워 내 지체 속
에 있는 죄의 법으로 나를 사로잡는 것을 보는도다"(롬 7:23).

죄의 법이 나를 사로잡는 것을 볼 수 있다면, 구원받은 자라
는 명확한 증거다. 전에는 볼 수가 없었다. 죄에 빠져있었기 때
문이다. 그런데 속사람이 생기고, 육신의 법과 싸우게 되니 비
로소 보이기 시작한다.

믿음은 절망에 대한 안전한 해독제다

신라의 명장 김유신은 천관녀라는 기녀의 방에 자주 들락
거렸다. 하루는 어머니 만명 부인이 그를 불러 엄히 질책했다.
"임금을 받들고 나라를 세워야 할 자가 밤낮 천한 기생과 음
탕한 짓을 하다니 도대체 무슨 일이냐!"
김유신에게 엄한 계명, 즉 율법이 주어진 것이다.
바울은 율법을 신령한 것이라고 한다(롬 7:14). 죄를 알게 해
주기 때문이다. 하지만 율법으로는 죄만 알 수 있을 뿐, 그 죄
를 해결하지는 못한다. 그런데 다른 법이 내 안에 생긴 것이
다. 사랑의 법이다.
김유신이 어머니의 깊은 사랑을 안다. 그래서 그 사랑 때문
에 다시는 천관녀의 방으로 발걸음을 옮기지 않겠다고 스스로

다짐한다. 그런데 어느 날 술에 잔뜩 취해 집으로 돌아오는데, 자기가 탄 말이 자신을 그 기생집에 데려다 놓은 것이다. 옛날에는 취하면 자기도 모르는 사이에 기생집을 찾곤 했다. 그런데 이날 자신의 방탕한 모습을 새삼스럽게 발견한 것이다. 김유신은 정들었던 애마의 목을 단칼에 베어 버린다. 이것이 '오호라!'라는 절망이다. 자기 애마를 죽일 정도의 절망과 한탄인 것이다.

구원받은 자라면 반드시 보이는 것이 있다. 한순간에 들어온 죄가 어떻게 확장되었고, 어떻게 생각과 몸과 가정까지 장악해 버렸으며, 그 후 어떻게 죄에 서서히 결박되어 왔는지를 3D 영화를 보듯 생생하게 보게 된다. 드디어 절망할 수 있는 자가 된 것이다.

"오호라 나는 곤고한 사람이로다"(롬 7:24).

그 절망이 감탄이 될 때 비로소 구원이 선물로 주어진다.

그럼 어떻게 한탄이 감탄으로 바뀔까? 다시 키르케고르로 돌아가 보자. 키르케고르는 한탄과 절망은 없애는 것이 아니라 맞서는 것이라고 말한다. '자신이 절망에 빠져 있음을 알지 못한 자'가 어떻게 그 절망과 담대히 맞설 수 있을까? 온갖 그럴싸한 희망과 유희로 절망을 슬쩍 가려 놓고는 맞선다고 말할 수는 없다. 한없이 가여운 절망적인 자아를 스스로 직면하여 본다면, 누가 그에 맞설 용기를 내겠는가?

> "그러므로 이제 그리스도 예수 안에 있는 자에게는 결코 정죄
> 함이 없나니"(롬 8:1).

십자가 앞에 온전히 설 수 있는 사람이다. 키르케고르에 따르면 인간이 절망과 맞서는 유일한 방법은 십자가 앞에서 단독자로 서 있는 것이라고 한다. 십자가 아래에서 고백한 로마 군병처럼, 하나님이 인간의 몸을 입고 오셔서 자신의 피와 살을 다 내 주신 그 처절하고 무한하신 하나님의 사랑에 빠져 본 사람만이 바꿀 수 있는 것이 있다. 우리 삶의 근거와 터전이다. 한없이 유한한 자기를 근거로 한 절망을 이겨 내고, 무한한 하나님의 사랑과 능력 안에서 자기가 살아가야 하는 근거를 부단히도 찾아내는 것이다. 이것이 바랄 수 없는데 바라는 믿음이다.

> "아브라함이 바랄 수 없는 중에 바라고 믿었으니"(롬 4:18).
> "그가 백 세나 되어 자기 몸이 죽은 것 같고 사라의 태가 죽은
> 것 같음을 알고도"(롬 4:19).
> "약속하신 그것을 또한 능히 이루실 줄을 확신하였으니"(롬 4:21).

그래서 키르케고르는 "믿음은 절망에 대한 안전한 해독제"라고 말한다. 해독제는 자신의 몸에 독이 퍼져 있음을 알 때, 비로소 필요로 한다.

로마서 8장은 감탄으로 가득한 장이다.

"하나님을 사랑하는 자 곧 그의 뜻대로 부르심을 입은 자들에게는 모든 것이 합력하여 선을 이루느니라"(롬 8:28).
"누가 우리를 그리스도의 사랑에서 끊으리요"(롬 8:35).
"그러나 이 모든 일에 우리를 사랑하시는 이로 말미암아 우리가 넉넉히 이기느니라"(롬 8:37).
"어떤 피조물이라도 우리를 우리 주 그리스도 예수 안에 있는 하나님의 사랑에서 끊을 수 없으리라"(롬 8:39).

이 감탄이 터져 나오기 위해서는 반드시 '오호라!'라는 절망이 있어야 한다. 우리의 신앙생활에 한탄과 감탄, 이 둘 중 하나가 결여되어 있으면 온전한 신앙인이 아니다. 자신의 약함은 뼈저리게 절감하지만, 한탄만 하지 않는다. 한탄이 감탄이 되기까지의 과정은 '부르짖음'이 필요하다. 부르짖음이란 우리가 단독자로 십자가 앞에 서서 나의 죽음과 절망을 부활과 소망으로 바꾸신 하나님의 무한한 사랑을 근거로 하여 자신을 새롭게 지어 가는 과정이다.

178

"너는 내게 부르짖으라 내가 네게 응답하겠고 네가 알지 못하는 크고 은밀한 일을 네게 보이리라"(렘 33:3).

김 권사_ 목사님! 저의 신앙생활에는 한탄만 있었지 감탄이 전혀 없었던 것 같아요! 저도 언젠가 감탄할 수 있는 날들이 오겠지요?

이 목사_ 그럼요 권사님! 감탄이 있기 위해서는 우리의 한탄이 바울의 오호라! 라는 한탄이 되어야겠지요!

김 권사_ 네. 전에는 저의 신세 한탄만 했어요. 남편 탓만 하고 며느리에 대한 한탄만 늘어놓았는데, 나의 연약함에 대한 한탄은 한 적이 없는 것 같아요. 요즘에는 이것이 영적 싸움이라는 생각이 들어요. 사탄이 우리 남편의 허물을 그리고 저의 연약함을 어떻게 교묘하게 이용해서 예배와 말씀으로 살기보다 서로 불평하고 원망하게 하는지를, 또 이것이 우리 자녀들을 어떻게 다시 힘들게 하고 가정을 어렵게 하는지를 이제는 좀 보기 시작하는 것 같아요.

이 목사_ 권사님, 영적 싸움이라는 생각만 들어도 이미 승리한 거예요. 왜냐면 예수님이 이미 승리하신 싸움이니까요. 그러니 권사님도 승리하실 때까지 열심히 부르짖으세요!

김 권사_ 그동안 마스크를 좀 했다고 부르짖는 기도마저 너무 쉬었던 것 같아요.

이 목사_ 부르짖으며 십자가 사랑 안에서 자신을 다시 지어 가 보세요. '내 힘만 의지할 때는 패할 수밖에 없도다'라는 권사님 의 한탄이 '내게 능력 주시는 자 안에서 내가 모든 것을 할 수 있 다'라는 감탄으로 변할 줄로 믿습니다.

○

순종함으로
사랑의 책임을 다하라(롬 8:1-11)

●

하나님이 우리를 죄에서 자유케 하신 목적은 하나님은 자유인과 사랑하실 수 있기 때문이다. 자유인이 되어야 하나님의 사랑을 알 수 있고, 자유인만이 하나님과 사랑할 수 있다. 사랑이란, 나를 자유롭게 흘려보낼 수 있는 능력이다. 세상이 만든 온갖 벽을 넘어 자유롭게 상대에게로 흘러들어가 그 안에서 나의 행복을 느끼는 것이다. 나의 사랑의 대상을 제한하지 않는 것이 자유함이다. 그래서 예수님은 원수까지 사랑하는 자가 자유인이라고 하신다.

하나님이 원수 된 우리를 너무 사랑하시기에 거룩함과 신성이라는 벽을 넘어서 가장 낮은 종의 형체로 내려오신 것처럼 말이다. 사랑하는 사람을 가둘 수 있는 곳은 없다.

육체에 갇혀 사는 자

반면 우리를 가두는 권세가 있다. 바로 죄다. 창세기는 죄의 역사를 '자기 성' 혹은 '가인 성'을 쌓는 역사로 소개한다. 하나님은 아브라함을 그분의 뜻에 따라 이동하는 유목민으로 부르셨다. 그러나 이 유목민들이 농업혁명을 경험하면서 자기 성을 쌓는 정착민이 된다. 그때부터 인간의 관심은 자기라는 감옥 안에 갇히게 된다. 유일한 관심이 바벨탑처럼 '자기 성'을 높이 쌓는 것이다. 타인은 사랑의 대상이 아닌 내 것을 빼앗는 경쟁의 대상이 된다. 그래서 벽을 쌓아 내 것이 타인에게 흘러가는 것을 막고 또 타인으로부터 내게 흘러들어오는 것도 경계해야 한다. 그 결과, 평생 자기라는 감옥 안에 갇혀 사는 것이다.

육체에 갇혀 사는 자들의 특징이 있다. 그들은 '생각'이라는 것이 없다. 어떻게 하면 더 잘 먹고, 좋은 것 입고 재미있게 놀까? 이것은 '생각'이 아닌 '본능'이다. 인간은 언제 자기 육체, 즉 자기 감옥으로부터 해방될 수 있을까? 그 육체가 끝날 때다. 죽음으로 해방되는 것이다. 그래서 "죄의 삯은 사망"(롬 6:23)이다.

《사피엔스》의 저자 유발 하라리는 인류를 유목민이나 수렵채집인에서 정착민이 되게끔 한 농업혁명을 인류 역사의 최대 사기라고 진단한다. 농부들이 훨씬 더 안정적인 삶을 산 것 같지만, 노동은 혹독해지고 인구 폭발로 인한 굶주림과 경쟁이 필수적이 되었다. 도시화로 인구가 몰리다 보니 자연히 통제시스템이 필요하게 된다. 인류는 계급, 법, 종교 도덕 같은 스스로 만든 허구의 질서라는 시스템 안에 통제받으면서 스스로 자유인이라고 착각하는 것이다. 이처럼 허구의 질서에 순종함으로써 스스로 생각할 수 있는 자유를 망각하는 것이다.

대한민국을 대표하는 상상의 질서가 있다. '서연고, 서성한, 중경외시, 건동홍, 국숭세단' 바로 대학 순위다. 대학 순위가 30년 이상 변하지 않는 곳은 대한민국뿐일 것이다. 그래서 감옥이다. 다른 말로 '스카이캐슬'인 것이다. 드라마 〈스카이캐슬〉에 등장하는 부모나 학생들은 세상이 만든 '캐슬' 안에서 허구의 질서만 열심히 따를 뿐이지 '생각'이란 것을 할 줄 모른다.

대학에서 강의할 때 학생들이 수업 시간에 "교수님, 또 생각해야 하나요?" 하고 불평하곤 한다. 지금까지 선생님이 말하는 정답만 달달 외우거나, 정답만 풀어 왔기 때문이다. 중간고사 점수가 고지되면 많은 학생이 이구동성으로 질문한다.

"교수님, 왜 저는 B에요?"

"너의 생각이 빠져 있잖아! 자기 생각이 없는 자가 지성인이냐고, 대학생이냐고! 진영논리에 빠진 자가 자유인이냐고!"

모든 담을 허물 수 있는 것

이 허구의 감옥에 갇힌 자라고 한탄했던 바울이 이제 이렇게 감탄하는 것이다.

"그러므로 이제 그리스도 예수 안에 있는 자에게는 결코 정죄함이 없나니 이는 그리스도 예수 안에 있는 생명의 성령의 법이 죄와 사망의 법에서 너를 해방하였음이라"(롬 8:1-2).

예수 안에 있는 성령의 법, 즉 우리가 십자가에서 경험한 하나님의 사랑이 육체로만 살게 하는 죄의 감옥으로부터 우리를 해방시켰다는 것이다. 그리스도의 사랑은 이 세상의 그 어떤 벽과 담도 허물어 낼 수 있는 가장 강력하고 풍성한 사랑이다.

"율법이 육신으로 말미암아 연약하여 할 수 없는 그것을 하나님은 하시나니"(롬 8:3).

죄의 감옥에 있는 우리를 위해 하나님이 신성이란 울타리를 스스로 거두어 내시고 사람의 모양이 되셨다. 그러고는 십자가의 희생으로 우리를 이 세상에 가장 놀라운 사랑을 받은 자로 만들어 주셨다. 그렇게 1만 달란트 빚을 완전히 탕감해 주

184

신 후 우리를 자유인으로 만들어 주신 것이다. 그래서 스스로 감옥에 숨는 자들이 아니라, 처음으로 내가 아닌 다른 이를 사랑할 수 있는 자유인이 되게 하신다. 가장 본질적인 마음 근력은 스스로의 벽 안에 숨어 있던 나를 끄집어내어 상처받을 수 있음에도 불구하고 타인에게로 다가가려는 마음의 힘이다. 이 마음 근력은 나의 있는 모습 그대로를 사랑하신(내재적 경험) 그 놀라우신 하나님의 초월적 사랑을 경험한 자에게 주어진다.

> "사랑하는 자들아 하나님이 이같이 우리를 사랑하셨은즉 우리
> 도 서로 사랑하는 것이 마땅하도다"(요일 4:11).

우리를 죄의 종에서 해방시킨 것은 하나님의 능력이다. 하지만 사랑할 수 있는 자유인이 된다는 것에는 책임이 뒤따른다. 자유인으로 하나님을 사랑해야 진정한 사랑이기 때문이다.

알렉스 헤일리는 자신의 저서 《뿌리》를 통해 인간이 노예가 되어 가는 과정을 폭로한다. 허구의 질서라는 감옥에서 잘 살게 함으로써 자신의 고귀한 생각을 스스로 제거해 버리는 것이다. 주인들은 노예들의 관심을 어떻게 하면 좋은 주인 밑에서 편하게 일하며 맛있는 것을 많이 먹을 것인가로 제한시켜 버린다. 그래서 노예들은 서로 만날 때마다 비교하면서 오늘은 어떤 고기를 먹었고, 비교적 얼마나 가벼운 일을 했으며, 그래서

자기 주인이 최고라고 자랑하게 된 것이다. 이집트에서 이스라엘이 이렇게 살았다. 모세가 바로에게 이스라엘 백성을 이집트에서 해방시키라는 하나님의 명령을 전하니 바로가 백성의 노동 강도를 더욱더 높인다. 그러자 이스라엘 백성은 모세를 원망한다. 왜 원래 착한 주인을 나쁜 주인처럼 만드느냐는 것이다. 아홉 가지 재앙을 경험하고도 꿈쩍도 안 하더니 유월절 어린양의 피의 권세로 자신들만 죽음에서 넘어가는 것을 보고 나서야 어쩔 수 없이 이집트를 떠난다. 그리고 앞에는 홍해가, 뒤에는 이집트 군사가 따라오자 다시 모세를 원망한다.

"그들이 또 모세에게 이르되 애굽에 매장지가 없어서 당신이 우리를 이끌어 내어 이 광야에서 죽게 하느냐 … 우리가 애굽 사람을 섬길 것이라 하지 아니하더냐 애굽 사람을 섬기는 것이 광야에서 죽는 것보다 낫겠노라"(출 4:11-12).

그러자 모세는 하나님의 능력을 바라보라고 한다.

"모세가 백성에게 이르되 너희는 두려워하지 말고 가만히 서서 여호와께서 오늘 너희를 위하여 행하시는 구원을 보라"(출 14:13).

이집트로부터 해방시킨 것은 전적인 하나님의 능력이다. 하지만 하나님은 자유인으로 가나안에 들어가는 것은 이스라엘 백성의 책임으로 남겨 두셨다. 스스로 생각한 후 그 선택에 대한 책임을 가지고 가나안에 들어가도록 하신 것이다. 그래야만 진정한 젖과 꿀이 흐르는 땅이 하나님의 축복임을 알 수 있다. 그 자유함이 없으면 이번에는 젖과 꿀의 노예가 되기 때문이다. 이스라엘 백성들은 그 자유함을 배우기 위해 40년을 광야에서 방황하다 죽어야 했다. 이집트에서 얻은 노예근성에 대한 책임을 진 것이다. 광야에서 힘들 때마다 "이집트에서는 고기를 마음껏 먹지 않았느냐? 우리는 고기를 먹으러 다시 이집트로 갈 것이다. 이집트에서 굽던 떡이 꿀송이같이 달지 않았냐?"라고 불평한다.

죄의 종에서 풀려나게 해 주시는 분은 하나님이다. 그러나 진정한 자유인으로 사랑하는 자가 되는 것은 인간의 선택이다. 이 선택을 위한 조건이 있다. 자유다. 억지로 선택하는 것은 자유가 아니다. 그래서 우리를 죄에서 해방시켜 주신 것이다. 스스로의 생각으로 선택하게끔 1만 달란트를 그리스도의 몸값으로 탕감해 주신 것이다. 지금까지는 엄청난 빚 때문에 다른 생각을 할 여유가 없었다. 다른 사람에게 관심을 둘 여력도 없었다. 그런데 빚 10달란트를 다 갚고도 남을 만큼 1만 달란트를 들여 완전한 자유인으로 만들어 주셨다. 이것은 우리

에게도 우리가 받은 그 놀라운 사랑을 흘려보낼 만큼의 넉넉함
이 생겼다는 뜻이다.

생각의 중심이 바뀌다

이 자유함을 가리켜 바울은 하나님이 우리에게 주신 그리스
도 안에 있는 생명과 성령의 법이라고 한다. 십자가의 사랑을
믿고 영접하면 그동안 스스로 세웠던 울타리를 무너트리게 된
다. 예수 그리스도를 내 안에 모셔야 하기 때문이다. 그와 교
제하는 삶, 이것이 영의 삶, 즉 영생이다. 사랑한다는 것은 이
제 나와 완전히 다른 사람이 내 안으로 들어온다는 것이다. 그
러면 어떻게 될까?

생각이 바뀐다.

각기 혼자 살던 여자와 남자가 만나서 사랑하고 가정을 이
루면 자연히 바뀌는 것이 있다. '생각'과 '관심'이다. 앉으나 서
나 당신 생각이 난다. 오늘 내가 무엇을 먹을까가 아니라, 오늘
만나면 어떤 맛있는 것을 사 줄까로 생각이 변한다.

과거에는 내 생각이 어떻게 하면 '나'를 기쁘게 할까로 제한
되었다면, 이제는 어떻게 하면 '그 사람'을 기쁘게 해 줄까로
생각의 중심이 바뀌어 버린다. 이제 그와의 관계 속에서 나의
기쁨과 의미를 찾게 되기 때문이다. 힘들게(ability) 나의 의지

(capacity)로 수양하면서 억지로 생각이 바뀐 것이 아니다. 이제 내 속에 그가 들어와 있고 그를 사랑하기 때문이다. 이것이 그리스도 안에 있는 능력(power)이다. '성령의 법'이 주는 선물은 생각이 바뀐다는 것이다. 육체의 생각과 상상의 질서에 세뇌된 삶에서 해방되어 스스로 자유로운 생각을 하게 된 것이다.

> "육신을 따르는 자는 육신의 일을, 영을 따르는 자는 영의 일을 생각하나니 육신의 생각은 사망이요 영의 생각은 생명과 평안이니라"(롬 8:5-6).

육신에 있는 자들은 하나님을 기쁘시게 할 수 없다(롬 8:8). 그렇다면 이 영의 생각이 무엇일까? 하나님을 기쁘시게 하고 싶은 생각이다. 바로 생명을 살리는 일이다. 어떻게 하면 생명이 살아날까? 사랑할 때이다. 육신의 생각에 잡힌 사람이 십자가의 사랑을 경험하여 자신의 감옥에서 풀려나면 상대가 갑자기 불쌍해지고 측은해진다. 그래서 내 마음이 자연스럽게 그에게 흘러들어 감을 느낀다. 이것이 자유함이다. 그래서 계급, 자본, 진영논리라는 허구의 질서에 갇혔던 사람들이 전에 갇혀 있던 논리를 뛰어넘는 생각의 전환을 하게 된다. 어떻게 하면 우리 가정과 우리 교회가 함께 생명이 넘칠 수 있을까?

5등 안에도 못 들면 어떻게 대학을 가겠느냐고 나무라던 부

모가 하나님이 자녀에게 어떠한 달란트를 주셨을지 궁금해하
며 자녀와 함께 탐험을 시작한다. 생각이 바뀌면, 그 사람이 나
에게 잘못해도 밉지가 않다.

자유에 대한 책임

김 권사_ 목사님! 로마서를 배우며, 나는 그리스도 안에 있는 하
나님의 사랑에서 끊어 낼 수 없다는 것을 인정하게 되었고 또
믿음을 바랄 수 없는 중에 바라는 것이라고 스스로 선포하면서
부터 제 마음에 있던 부정적인 생각이 많이 없어진 것 같아요.
제일 많이 바뀐 생각이 연합이에요. 옛날에는 남편과 분리되어
야 나라도 좀 살 수 있겠다고 생각했는데, 이제는 우리 가정이
승리하기 위해서는 그래도 믿든 곱든 남편의 존재가 참 중요하
다는 생각이 들어요. 작은애가 나가서 자기들끼리 혼인신고하
고 산다고 할 때 이제 정말 끝이다 싶었는데, 요새는 그럴 수도
있겠다라는 생각이 들어요. 중요한 것은 제 마음이었나 봐요.
제 마음이 열리니 남편과 아이들이 이제 이해가 되네요. 그러고
나니 마음이 조금 더 흘러가는 것 같아요.

이 목사_ 권사님! 그것이 바로 생명과 성령의 법입니다. 이 법이
야말로 우리를 해방하시려는 하나님의 선물입니다. 하지만 그
덕에 자유인이 된 우리도 책임이 있습니다.

190

"육신을 따르지 않고 그 영을 따라 행하는 우리에게 율법의 요구가 이루어지게 하려 하심이니라"(롬 8:4).

이 목사_ 권사님! 책임이란 "그 영을 따라"(롬 8:4) 행하는 것을 말합니다. 그러니 영의 생각에 바로 순종해야 해요. 이참에 권사님만이라도 작은아들 부부를 만나서 지금 제게 말씀하신 것처럼 "엄마가 다 이해한다"라고 말 한마디만 해 보세요!

성령의 법이 주신 생각에 바로 순종하는 것이 왜 중요할까? 아직 우리의 육체 안에는 노예근성이 남아 있기 때문이다.

"나에게도 이런 생각이 들다니 이러다가 정말 선교사로 가야 하는 것 아니야!" 하다가도 "그래도 나에게 진 빚은 얼마라도 갚아야 하는 것 아니야? 먼저 잘못했다고 사과는 해야 하잖아. 그래도 세상 돈과 힘을 어떻게 한꺼번에 포기해?" 하며 다시 이집트의 질서 속으로 들어가게 된다.

생각이 사람을 변화시킬까? 아니면 행동이 사람을 변화시키는 것일까? 많은 경우에 생각의 변화가 그 시발점이 된다. 그러나 행동이 따르지 않는 생각은 바로 소멸하기 쉽다. 그래서 순종이 제사보다 낫다는 것이다.

"너희 자신을 종으로 내주어 누구에게 순종하든지 그 순종함을 받는 자의 종이 되는 줄을 너희가 알지 못하느냐 혹은 죄의 종으로 사망에 이르고 혹은 순종의 종으로 의에 이르느니라"(롬 6:16).

요한복음은 이 자유함을 이렇게 증명한다.

"너희가 내 말에 거하면(순종하면) 참으로 내 제자가 되고 진리를 알지니 진리가 너희를 자유롭게 하리라"(요 8:31-32).

그래서 바울은 결론적으로 그 영을 따라 행하는 순종으로 자유인의 책임을 다하라는 것이다.

우리는 해방된 자유인이다. 그동안 우리가 신봉해 왔던 허구의 질서에서 벗어나 다르게 생각할 수 있는 능력이 우리에게 주어졌다. 인간의 법과 상식, 도덕과 종교를 넘어서 나와 다른 이에게 자유롭게 자신을 흘려보낼 수 있는 진정한 자유함이 우리에게 있다. 이제 이 자유에 대한 책임을 어떻게 질 것인가?

○

율법이라는 아버지의 그늘에서
벗어나라(롬 8:12-17)

당신은 몇 살 때까지 아버지를 아빠로 불러 보았는가? 이제 40대 중반이 된 아내가 장인어른을 아빠라고 부르는 소리가 좀 못마땅하게 들릴 때가 있다.

"당신은 오십이 되어서도 아버님을 아빠라고 부를 거야?"

그런데 솔직히 장인어른이 부럽다. 내 딸이 40대 중반이 되어서도 아니 내가 죽을 때까지 나를 아빠라고 불러 주었으면 좋겠는데, 과연 그럴까? 아빠가 아버지로 바뀌는 때가 있다. 아버지의 그늘이 내게 드리우기 시작하는 때다.

<아버지의 그늘>

툭하면 아버지는 오밤중에 취해서 널브러진 색시를 업고 들어왔다.

어머니는 입을 꾹 다문 채 술국을 끓이고, 할머니는 집안이 망했다고 종주먹질을 해댔지만, 며칠이고 집에서 빠져나가지 않는 값싼 향수 내가 나는 싫었다….

아버지를 증오하면서 나는 자랐다. 아버지가 하는 일은 결코 하지 않겠노라고, 이것이 내 평생의 좌우명이 되었다. 나는 빚을 질 일을 하지 않았다. 취한 색시를 업고 다니지 않았고, 노름으로 밤을 지새지 않았다.

아버지는 이런 아들이 오히려 장하다 했고 나는 기고만장했다. 그리고 이제 나도 아버지가 중풍으로 쓰러진 나이를 넘었지만, 나는 내가 잘못했다고 생각한 일이 없다. 일생을 아들의 반면교사로 산 아버지를 가엽다고 생각한 일도 없다.

그래서 나는 늘 당당하고 떳떳했는데 문득 거울을 쳐다보다가 놀란다. 나는 간 곳이 없고 나약하고 소심해진 아버지만이 있어서, 취한 색시를 안고 대낮에 거리를 활보하고, 호기 있게 광산에서 돈을 뿌리던 아버지 대신, 그 거울 속에는 인사동에서도 종로에서도 제대로 기 한번 못 펴고 큰 소리 한번 못 치는 늙고 초라한 아버지만이 있다.

_ 신경림,《어머니와 할머니의 실루엣》(창비)

존재만으로 충분한 사랑

권사님의 작은아들처럼, 요즘 부모의 그늘을 벗어나려고 발버둥 치는 젊은이들이 많다. 그들의 '발버둥'이 이해는 가지만, 안타까운 것은 그 '발버둥'으로 인해 또 다른 감옥 안으로 그들 스스로를 가두어 둔다는 것이다. 그리고 그 감옥은 어김없이 훗날 그들 자녀의 그늘로 또다시 작용하게 된다. 장로님처럼 말이다.

장로님의 아버지는 목회자셨다. 그 당시 대부분의 목회자 가정이 그랬던 것처럼 가난했고, 자녀들에게 교육적으로 지원을 제대로 하지 못하셨다. 고등학교를 우수한 성적으로 졸업하고도 장로님은 원하는 대학에 가지 못하셨고, 대신 안정적인 직장인 은행에 취직하셨다. 몇 년 동안 자기보다 능력이 없는 친구들이 대학을 졸업했다는 이유만으로 자신보다 빨리 승진하여 자기를 깔보는 일이 생기자 큰 상처를 받으셨다고 한다. 근본적인 문제는 장로님의 아버님이 목회하느라 바쁘다는 핑계로 장로님과 진로에 관해서 대화를 나누지 못했고, 장로님의 상처에 대해서도 감정적으로 지원하지 못했다는 데 있다. 장로님은 늘 혼자 감당해야 했고, 직장생활을 하며 각고의 노력 끝에 혼자만의 힘으로 서울에 있는 대학에 합격하여 졸업하셨다. 그리고 결혼 후에 그 성실함을 인정받아 일본지사에 파견

되셨다고 한다. 가족과 떨어져 일본에 있을 때 경영대학원까지
졸업하셨고 그 이후로는 회사에서 승진에 누락되신 적이 없다
고 한다. 그래서 장로님에게 대학과 대학원 졸업장이 주는 실
제적인 힘(power)은 분명 아버지의 존재 그 이상이었을 것이다.
장로님은 자신이 받지 못한 교육적 혜택을 자녀들에게는 최선
을 다해 아낌없이 지원하셨다. 그러는 동시에 한국 사회에서
일류 대학에 들어가는 것이 왜 중요한지를 아들들에게 끊임없
이 주입하셨다는 것이다.

　김 권사_ 큰아들이 대학에 들어가고 나서 나에게 한 말이 아직
도 잊히지 않아요. "부모님이 원하시는 대학에 들어갔으니, 이
제부터는 내가 하고 싶은 대로 하고 살 거야!" 하며 마치 빚을
다 갚았다는 듯한 태도였지요. 아버지 말은 일류 대학을 나와야
한국에서는 사람 취급을 제대로 받을 수 있다는 말이었지만, 아
들들에게 그 말은 일류 대학을 나와야 아버지가 너희를 인정할
수 있다는 것으로 느껴졌을 거예요. 그래서 "이제 아버지가 원
하시는 대학에 들어갔으니, 더 이상은 요구하지 마세요!"라고
한 것이겠죠. 아마 그래서 남편이 큰아들의 결혼을 차마 끝까지
반대하지는 못했던 것 같아요.

마음 근력은 주로 부모에게서 자신의 가치 그대로를 인정받고 사랑받아 본 자녀들이 키워 낸다. 실패할 수 있다는 두려움을 이겨 내고 끝까지 도전할 수 있는 근력은, 비록 구겨지고 찢어졌지만, 아직 5만 원의 가치가 있다는 것을 아는 자에게 있다. 그래서 마음 근력은 무엇을 성공하고 잘해서가 아니라 그 존재만으로 부모로부터 충분한 사랑을 받아 본 사람이 키워 내는 것이다.

장로님이 경험한 아버지의 부재가 장로님의 아들들에게는 또 다른 율법과 감옥으로 작용한 것이다. 아버지를 존경했던 한 청년이 아버지가 형제들의 경쟁심을 유발하여 자녀들에게 존경과 권위를 얻었다는 것을 알게 된 후로 집을 나갔다. 나중에 회사에서 열심히 일해서 인정받고 승승장구하여 대기업의 임원이 되었다고 한다. 하지만 1년 뒤 직원평가에서 기업 임원 중에 최하위를 받고 명퇴당했다고 한다. 적지 않은 직원이 '상호 협동과 융합이 아닌, 충성·경쟁만을 부추기는 리더 밑에서는 일하고 싶지 않다'라는 내용의 평가서를 제출했기 때문이다.

무서운 아버지 밑에서 성장한 사람은 언제나 두려움이 원동력이 되어서 열심히 한다. 하지만 자기가 권위의 자리에 오르면, 자기도 모르게 부하 직원들에게 폭군처럼 군림하는 자가 되어 있는 것이다. 다 아버지의 그늘이다.

종의 영

아버지와 사이가 좋지 않은 어머니로부터 "넌 절대 아버지
처럼 커서는 안 돼!"라는 무언의 압박 가운데 성장한 사람들
은 대개 '좋은 사람 콤플렉스'에 빠져 산다. 그들은 착한 사람
인 척 열심히 연기하며 살아가지만, 문득 거울에 비친 자기 모
습을 볼 때면 진짜 인생을 허비하고 있음에 절망한다. 그리고
이제 30대가 된 자녀에게서 자신의 그늘이 보일 때 한없이 미
안한 것이다. 그래서인가 헤밍웨이는 자서전에 이런 한 대목
을 남겼다.

"나는 아버지를 일찍 잃어버리는 행운을 얻었다."

왜 우리는 아버지의 그늘에서 해방되기가 어려울까? 그리
고 어떻게 그 그늘에서 해방될 수 있을까? 바울은 이렇게 말
한다.

"그러므로 이제 그리스도 예수 안에 있는 자에게는 결코 정죄
함이 없나니 이는 그리스도 예수 안에 있는 생명의 성령의 법
이 죄와 사망의 법에서 너를 해방하였음이라"(롬 8:1-2).

우리 문화에서 아버지는 늘 법과 권위의 상징이었고, 삶에
내재 되어 있는 율법이었다. 적지 않은 사람들이 이 아버지라

는 율법의 그늘을 벗어나기 위해서 자신의 육신의 법을 사용
한다. 부모의 무능력에 지친 자녀는 과도한 능력주의로 살면
서 자신의 자녀를 또 다른 방식으로 속박한다. 그래서 바울은
이렇게 권면한다.

"그러므로 형제들아 우리가 빚진 자로되 육신에게 져서 육신
대로 살 것이 아니니라"(롬 8:12).

인간이 만든 육신의 법은 또 따른 육신의 법으로는 절대 끊
어 낼 수가 없다. 이 육신의 법에서 해방할 수 있는 유일한 방
법은 영이다. 하나님의 영의 지배를 받을 때, 하나님의 사랑에
이끌려서 그분과 교제하여 그 사랑이 나를 지배하기 시작할 때
비로소 몸의 행실이 죽는다. 생명의 성령의 법이 죄와 사망의
법에서 우리를 해방시킨 것이다. 그 결과, 생각이 변하고 영의
생각에 적극적으로 순종하여 그 영을 좇아 행하게 된다.

8장 1-11절에서 죄의 종에서 의의 종이 되는 과정을 생각
의 변화와 순종을 통해 얻는 성화의 과정으로 설명했다면, 바
울은 8장 15절에서 그 성화의 과정을 무서워하는 종의 영에서
하나님을 아빠 아버지로 고백하는 양자의 영으로 바뀌는 것으
로 증거한다.

우리나라는 혈연 중심이 강해 입양 문화가 덜 발달했지만,

당시 로마 사회는 양자로 삼는 문화가 일반화되었다. 한 예로, 네로 황제도 양자 출신이다. 클라우디우스 황제가 네로를 양자 삼아버리자, 전에 그의 출신이 어떻든 혹은 얼마큼 빚이 있든 상관없이 법적으로는 클라우디우스의 뒤를 잇는 황제가 된 것이다. 심지어 당시 로마는 황제에게 자신의 피가 흐르는 육체적 아들이 있다 해도, 그가 능력이 없으면 다른 사람을 양자로 삼아서 자신의 대를 이어 가게 했다. 양자가 된다는 것은 그 사람의 조건하고는 상관없는 아버지의 일방적인 선택이자 사랑이다. 그 선택과 사랑이 사람의 신분과 정체성을 하루아침에 바꾸는 것이다.

그럼 종의 영과 양자의 영의 가장 큰 차이점이 무엇일까?

"무릇 하나님의 영으로 인도함을 받는 사람은 곧 하나님의 아들이라"(롬 8:14).

바로 무엇으로 인도함을 받는가다. 자신의 삶을 이끌어 가는 동력이 무엇이냐는 것이다. 종에게는 무엇이 자신의 삶을 이끄는 동력으로 작용할까?

"너희는 다시 무서워하는 종의 영을 받지 아니하고"(롬 8:15).

무서움과 두려움이다. 아버지의 그늘이 내 자녀의 감옥으로
드리우게 되는 가장 큰 이유가 있다. 자녀를 있는 그대로 사랑
하지 않고 조건적으로 사랑하는 것이다. 자녀로 하여금 무섭고
두려워서 일하게 하고, 공부하게 하고, 사랑하게 하고, 심지어
신앙생활 하도록 하는 것이다. 자녀란 아버지의 모습에 실망하
기도 하지만, 한편 그 아버지의 사랑을 끊임없이 갈망하는 이
중구조 안에서 사는 자들이다. 형제들 간의 경쟁심을 유발해서
충성의 대가로 사랑하는 아버지, 자신의 꿈을 대신 이루어 주
는 부속품으로 사랑하는 아버지, 자녀의 성적만 칭찬할 뿐 성
품에 대해서는 한 번도 칭찬해 준 적이 없는 아버지, 그 아버지
의 그늘이 자녀로 하여금 종의 영을 가지고 살게 하는 것이다.

그 결과, 그들 삶의 행복은 늘 조건에 매여 있다. 어느 정도
대학에 나와야 하고, 어느 수준의 사회적 직업을 꼭 가져야 하
고, 어느 정도의 생활 수준으로 살지 않으면 견딜 수 없는 것이
다. 특정 지역이 아니면 자녀들을 공부시키는 것은 불가능하게
생각하고, 회사에서 윗사람에게 인정받지 않으면 견딜 수 없는
자가 되는 것이다. 이 그늘이 동력이 되어 열심히 살아가느라
정작 자신의 삶은 한 번도 제대로 살아 보지 못한 것이다. 나중
에야 그 거울에 비친 자신의 모습에 절망하며 한탄하게 된다.

양자의 영으로 살라

그러나 하나님의 양자는 어떻게 하나님의 영으로 인도함을 받을까? 무엇이 삶의 동력(power)이 되어 살아가게 할까? 바울은 우리가 하나님을 아빠 아버지라고 부르짖는 이유를 8장 16절에 성령이 친히 우리의 영과 더불어 우리가 하나님의 자녀인 것을 증언하시기 때문이라고 한다.

8장은 한탄이 감탄이 되게 한다. 인간의 법과 육신의 법은 '조건성'을 그 기반으로 하기에 "어차피 나는 그 법을 충족시킬 능력(ability)이 없어! 사랑받을 자격이 없다고!" 하며 늘 한탄하던 우리가 하나님을 나의 아빠 하나님으로 부르며 감탄하게 되는 것이다.

"누가 능히 하나님께서 택하신 자들을 고발하리요 의롭다 하신 이는 하나님이시니"(롬 8:33).
"누가 정죄하리요 죽으실 뿐 아니라 다시 살아나신 이는 그리스도 예수시니 그는 하나님 우편에 계신 자요 우리를 위하여 간구하시는 자시니라"(롬 8:34).

그 조건적인 사랑에 한탄하고 무서워했던 우리에게 무모할 정도로 아무 조건 없이 다 내주시는 풍성한 아버지의 사랑이

202

증언되기 때문이다(롬 8:16). 율법은 우리의 죄와 허물을 폭로시킨다. 그래서 우리의 감추어진 허물과 죄가 있는 그대로 드러나게 되면 내 부모라도 있는 그대로 품어주기가 꺼려진다. 하지만 그 모습 그대로 하나님이 우리를 사랑하시기 위해서 하신 것이 있다. 독생자 예수 그리스도를 거절하신 것이다. 우리의 모든 죄를 담당하신 죄인의 괴수가 되게 하셨다. 그래서 우리의 죄를 그에게 다 전가하시고, 십자가에서 정죄하신 후 우리를 의롭다 하시는 것이다.

누가복음 15장에 나오는 '탕자의 비유'는 사실 '양자의 비유'다. 바리새인 같은 첫째나 세리와 죄인 같은 둘째나 다 사실은 하나님의 일방적인 사랑으로 자녀 된 아버지의 양자들이다. 첫째 아들은 자신의 법을 세워 스스로 아버지의 사랑받을 조건을 갖추기 위해 끊임없이 노력한다. 이때 아버지의 풍성한 사랑은 오히려 분노와 한탄의 대상이 되고 만다. 둘째 아들은 아버지의 분깃을 미리 받아 나간 후 돼지가 먹는 쥐엄 열매조차 주인 눈치를 보며 먹어야 하는 종이 되고야 만다. 하지만 그 절망 가운데 그는 생각의 변화를 경험한다. 아버지에게는 양식이 풍족한 품꾼이 얼마나 많은가? 구속하는 아버지가 아닌 사랑이 풍성한 아버지였음을 기억하고, 그 사랑을 찢고 배반한 죄인 된 자신을 발견한다.

"아버지, 저는 하늘과 아버지께 죄를 지은 죄인입니다. 아들이 될 자격을 완전히 상실했습니다. 제가 평생을 노력해서 번다고 해도 그 ability와 capacity로는 내가 낭비한 것을 다 갚을 수 없습니다. 그러니 저를 품꾼으로 써 주소서."

죄인임을 고백하고 종으로 여겨 달라고 한다. 십자가의 풍성한 사랑의 빛이 우리를 비출 때 비로소 우리는 육체의 그늘에 거하는 죄인임을 깨닫게 된다.

아버지는 돌아온 아들에게 아버지의 옷을 입힌다. 그리고 손에 가락지를 끼워 법적 상속자라는 것을 모든 사람 앞에서 선포해 버린다. 그러고는 송아지 고기로 잔치를 벌인다. 주인들도 일 년에 몇 번 먹을까 말까 한 그 값비싼 고기를 종들까지, 아니 밭에 있는 품꾼들과 이웃들까지 초청해 나누어 주며 동네잔치를 벌이는 것이다. 아마 집에 있는 모든 송아지를 잡아야 했을 것이다. 아무리 자식을 사랑한다고 하지만 "적어도 네가 뭘 잘못한지는 알아?"하고 다시 자식으로 들이는 조건으로 따끔한 한마디는 해야 하지 않을까? 왜 아버지는 품꾼들까지 그 비싼 송아지 고기를 먹이는 지독한 낭비를 해야 했을까? 탕부이신 하나님은 탕자가 방탕하게 낭비한 육신의 빚보다 더 상상할 수 없는 무모할 정도의 헤픈 낭비로 탕자의 빚을 일방적으로 덮어 버리시는 것이다.

풍성한 사랑을 경험하라

십자가는 육체의 법, 그 조건적인 법에 미치지 못해 늘 부족함과 헛헛함의 그늘에 살고 있었던 우리에게 그 부족함을 채울 뿐 아니라 넘쳐흐르는 풍성한 사랑을 경험하게 해 준다. 그래서 받는 것이 양자의 영이다.

"이제 나는 다 낭비해 버려서 도저히 개선될 여지조차 없어! 도저히 회복될 수 없는 죄인이라고! 평생을 노력해 갚는다고 해도 도저히 탕감받을 수 없는 자가 되었어!"

이와 같은 우리의 한탄이 어떻게 감탄이 될까?

"나 같은 죄인을 위해, 그 거룩한 하나님 아들의 피가 완전히 남김없이 희생되었다고! 있는 모습 그대로 나를 사랑하기 위해 정작 자신의 아들이 십자가에서 '아버지, 아버지 어찌 나를 버리시나이까' 절규해도 들은 척하지도 않으셨어! 그 아들은 거절하시면서도, 우리 아버지 되기를 기뻐하셨다고!"

"자기 아들을 아끼지 아니하시고 우리 모든 사람을 위하여 내주신 이가 어찌 그 아들과 함께 모든 것을 우리에게 주시지 아니하겠느냐"(롬 8:32).

"너희 빚이 얼마나 많건, 얼마나 지독하게 낭비했건, 너희를

있는 그대로 사랑하는 내 아버지의 그 무모하고 무조건적인 사
랑의 값에 비하면 아무것도 아니야. 완전히 덮고도 남는다고!"
이렇게 성령이 친히 우리의 영과 더불어 우리가 하나님의 자녀
인 것을 증언하시는 것이다.

양자의 마음 근력이 어떠한지를 보라!

"우리가 종일 주를 위하여 죽임을 당하게 되며 도살당할 양같
이 여김을 받았나이다"(롬 8:36).

이렇게 한탄하는 와중에 감탄을 내뱉는다.

"누가 우리를 그리스도의 사랑에서 끊으리요 환난이나 곤고나
박해나 기근이나 적신이나 위험이나 칼이랴"(롬 8:35).

그래서 담대히 나서는 것이다. 이미 아들이 되었으므로 아
버지의 기업이 힘들어지면 팔짱만 끼고 있지는 않는다. 이미
상속자가 되어 상속받을 것이기 때문이다. 주님의 몸 된 교회
의 어려움이 남의 일이 될 수는 없다. 그와 함께 영광을 받기
위해서 고난도 함께 받아야 한다(롬 8:17). 성령께서 이 모든 일
에 우리를 사랑하시는 이로 말미암아 우리가 어떻게 넉넉히 이
기는지를 증언하시기 때문이다(롬 8:37).

어떻게 사랑하는 자녀에게 내 아버지의 그늘을 더 물려주지 않을 수 있을까? 탕자의 비유를 전한 '누가'는 이렇게 말한다.

"너희가 악할지라도 좋은 것을 자식에게 줄 줄 알거든 하물며 너희 하늘 아버지께서 구하는 자에게 성령을 주시지 않겠느냐 하시니라"(눅 11:13).

김 권사_ 저는 그동안 우리 자녀들을 위해 열심히 살았고, 그들을 위해 기도했다고 생각했습니다. 그래서 하나님께 원망도 많이 했어요. 남편도 아들들에게 최선을 다했는데, 어떻게 나에게 그럴 수 있느냐고 그 분노가 아직 해결이 안 되나 봐요. 그런데 우리가 자식들에게 좋은 것을 준다고 하면서 우리의 조건만 요구한 것이 아닌가 하는 생각이 들어요. 목사님! 예수님이 말씀하신 대로 우리가 악한 부모였네요.

이 목사_ 권사님! 부족한 우리도 자녀에게 최선을 다하잖아요! 우리가 포기하지 않는 한 하나님도 최선을 다하고 계실 거예요. 하나님의 자녀인데 종으로 살아가게 할 수는 없잖아요? 그래서 어머니로서 권사님의 거룩한 사명이 있습니다. 사랑하는 두 아드님이 다시 하나님을 그들의 아빠 아버지로 부르짖게 하는 것입니다.

김 권사_ 네 목사님! 사랑을 인간의 조건으로 포장할 때 그 사랑이 평생 우리 자녀의 그늘이 되고 올무가 될 수 있는 것 같아요. 제가 사실 막내딸은 하나님의 선물이다 생각하고 그 모습 자체를 인정하고 사랑하려고 애썼는데, 정작 아들들에게는 뭔가를 끊임없이 요구했던 것 같아요. 이제 우리 아이들이 하늘에 계신 하나님을 이 땅에서 자신들의 아버지로 고백했으면 좋겠어요. 목사님, 남편을 좀 더 이해하게 된 것 같아요. 남편에게 있는 그 그늘도 있는 그대로 사랑할 수 있도록 기도해 주세요. 그럼 언젠가 남편도 하늘 아버지처럼 그 아들들을 자신의 따뜻한 품으로 품을 수 있는 날이 오지 않을까요?

이 목사_ 맞아요, 권사님! 그 순서가 먼저인 것 같아요. 저도 성령님의 따스함이 권사님을 통해 장로님의 그늘에 잘 전달되기를 기도하겠습니다.

○

세상의 우연은
하나님의 필연을 이길 수 없다(롬 8:28-39)

청년부 사역자 시절 한 대학생이 "목사님! 합력하여 선을 이루었어요" 하고 외치며 기뻐했다. 간밤에 공부를 제대로 못해서 시험을 망쳤는데, 마침 시험지가 사전 유출되어서 다시 본다는 것이다. 과연 이것이 합력하여 선을 이룬 것일까? 우리가 이루기 원하는 그 '선'이라는 것이 그냥 시험을 잘 보는 것인가? 운이 좋은 것이 '선'인가? 어려운 상황을 극복하고 결국 사업에 성공하는 것이 '선'일까? 물론 그것을 포함할 수는 있다. 하지만 지금 눈에 보이는 상황이 나에게 좀 좋다고 해서, 그것을 선하다 할 수는 없다.

어려운 상황들이 우연히 엮여서 선한 상황으로 발전될 수 있는 것처럼, 지금 선해 보이는 것이 나중에는 '화'가 될 수도 있기 때문이다.

합력하여 선을 이룬다는 것

김 권사_ 목사님! 드디어 저에게도 감탄한 일이 생겼어요!

이 목사_ 무슨 일이에요?

김 권사_ 막내요! 막내가 그린 그림이 한국 발달장애 아티스트 특별전에 초대되었어요. 방송사와 신문사가 주관해서 20여 명의 발달장애 아티스트의 그림들이 서울 예술의 전당에서 전시되고 있는데 보통은 아티스트마다 그림 한두 점을 전시하거든요. 그런데 막내의 그림은 세 점이나 전시되고 있어요!

이 목사_ 권사님! 정말 축하해요. 막내가 그림을 그렇게 잘 그린다고 저에게 말씀 안 하셨잖아요.

김 권사_ 목사님, 저도 이번에 전시된 것을 보고야 알았어요. 저는 막내의 집중력을 높이고 성취감을 느끼게 해 주는 치료의 목적으로 미술 공부를 시켰는데, 저도 막내의 그림을 보고 정말 깜짝 놀랐어요. 학원만 데려다주고 오면, 자기 방에 콕 들어가서 나오지 않았는데, 계속 그림을 그린 것 같아요. 제가 그림 좀 보려 하면, 그냥 자꾸 나가라고 손짓해서 보려 하지도 않았거든요!

이 목사_ 와! 막내가 몇 년 배웠어요?

김 권사_ 그냥 4-5년 전부터 그림을 좀 그리길래 2년 전부터 학원을 보냈어요.

이 목사_ 그런데 한국 대표로 특별전에 뽑힌 거예요? 정말 대단하네요. 출품은 어떻게 하신 거예요?

김 권사_ 그 특별전 관계자가 학원 원장님 친구인가 봐요. 친구 학원에 갔다가 걸려 있는 막내 그림을 우연히 본 거예요. 그래서 출품하라고 해서 했는데 뽑힌 거죠.

이 목사_ 아니, 어떻게 2년 배웠는데 대표 작가가 될 수 있어요? 얼마나 노력했으면….

김 권사_ 그러게요, 하나님이 숨겨 놓으신 재능이 이제야 발견되었나 봐요

이 목사_ 권사님, 저도 당장 보러 가야겠네요. 예술의 전당에서 한다고 하셨죠?

김 권사_ 목사님, 그런데 그게 전부가 아니에요. 후원사 사장님은 보통 전시장에 안 오시는데, 근처에서 미팅이 있어서 우연히 전시장에 들렸다고 해요. 막내의 그림을 보고, 다른 그림이 있는지를 물어보셔서, 막내 학원 선생님에게 연락이 왔다고 해요. 그래서 막내가 그린 나머지 그림들을 보여 주었는데, 후원사 회사 건물에 전시 공간이 있나 봐요. 한 방송사와 공동으로 주관해서 막내 그림들로만 단독 전시회를 한 달 뒤에 개최하기로 했대요. 다음 주 수요일에 막내가 그 방송사와 인터뷰한 영상이 뉴스로 나갈 예정인가 봐요. 목사님! 우연도 어떻게 이런 우연이 있을 수 있죠? 정말 상상조차 못 한 일이에요.

"보이는 소망이 소망이 아니니 보는 것을 누가 바라리요 만
일 우리가 보지 못하는 것을 바라면 참음으로 기다릴지니라"
(롬 8:24-25).

김 권사_ 그동안 아들들을 위해서 참고 인내하며 기도했는데, 막
내에게 무슨 일이 있을 것이라고는 바라지도 않았거든요? 하
나님께서 이렇게 보이지 않는 방법으로 "그의 뜻대로 부르심을
입은 자들에게는 모든 것이 합력하여 선을"(롬 8:28) 이루게 하시
네요. 정말 감탄이에요, 목사님!

이 목사_ 권사님! 성부 하나님께서 모든 것을 합력하여 선을 이
루신 것은 맞는데요. 그래서 그것은 결코 우연이 아니라 필연입
니다. 하나님이 일하신 거잖아요! 그럼 결코 우연이 아니라 반
드시 필연이죠!

합력하여 선을 이룬다는 것은, 보이는 상황들이 결합하여
우연히 내게 유리하게 된다는 뜻이 아니다. '합력하다'라는 말
은 'working together'이지만 이것은 환경의 우연적 결합을 의
미하지는 않는다. 영어 성경(NIV)은 "모든 것이 합력하여 선을
이루느니라"(롬 8:28)를 "in all things God works for good"으로
번역한다. 주어는 하나님이다. God works, 즉 하나님이 일하
신다는 것이다. 우리를 사랑하시기 때문이다. 그래서 그분이

212

이루시는 선은, 우연이 아니라 필연적 섭리라는 것이다. 그 사 랑을 경험해서 그의 뜻대로 부르심을 입고, 하나님을 사랑하게 된 자에게 주어지는 필연이다.

상황은 보통 우연성으로 일어난다. 하지만 사랑은 필연이 다. 우연은 절대 필연을 이길 수가 없다. 예상치 못한 어려운 상황에 빠지고, 감당할 수 없는 고난 가운데 있을 때 하나님이 왜 하필 나를 이런 상황 가운데 두셨느냐고 불평한다. 그러나 그 고난은 하나님을 사랑하는 자가 되게 하시기 위한 필연이 다. 십자가의 사랑을 통해서 우리를 두려워하는 종이 아닌 하 나님을 아빠 아버지로 부르는 양자 삼기 위함이다(롬 8:29). 하 나님은 우리로 하여금 기뻐하시는 거룩한 아들의 형상을 본받 게 하시려고 미리 정하신 필연을 위하여 모든 상황 속에서 끝 까지 일하신다.

그림 속에 담긴 하나님의 필연

이 하나님의 필연을 바울은 30절에서 이렇게 선언한다.

"또 미리 정하신 그들을 또한 부르시고 부르신 그들을 또한 의 롭다 하시고 의롭다 하신 그들을 또한 영화롭게 하셨느니라" (롬 8:30).

바울은 필연의 전제가 되는 고난을 다음과 같이 묘사한다.

"생각하건대 현재의 고난은 장차 우리에게 나타날 영광과 비
교할 수 없도다"(롬 8:18).

우리를 사랑하시는 하나님은 우리의 고난이라는 현재 상황
속에서 일하실 수밖에 없다. 분명 막내의 아픈 상황은 막내를
향한 하나님의 필연적인 사랑을 증거하는 캠퍼스요, 그림은 그
도구일 뿐이다. 사랑은 상황에 절대 질 수 없다. 그래서 기대
가 되었다. 하나님이 막내의 그림을 통해 어떤 필연을 심어 놓
으셨을까? 기대하는 마음으로 뉴스를 보았다. 전시회 주제가
바로 귀에 꽂힌다.

〈그리움이 그림이 되다〉

단독 전시회가 열리는 첫날 아침, 권사님과 장로님과 함께
전시회장 앞에서 만나기로 했다. 권사님도 그 전시회에 전시
된 그림은 처음 보는 것이라며 들떠 하신다. 권사님이 연신 장
로님의 옷매무새와 머리를 가다듬으시는데 장로님도 싫지는
않은 모양이다. 전시장을 들어서며 "두 분 너무 다정해 보이세
요!" 하고 인사를 건넸다. 그러나 바로 그 순간, 이 시간은 오롯
이 두 분에게 주신 하나님의 선물임을 깨달았다.

"저는 조금 후에 들어갈게요. 두 분 먼저 들어가세요."

30-40분 정도 지났을까? 도저히 참을 수가 없었다. 다행히 아침 일찍이라 관람객이 많지 않아서, 반대쪽에 계신 장로님 부부의 모습이 바로 보였다.

천천히 관람하는 데 이목구비가 또렷하진 않았지만, 한 소녀의 모습을 그린, 유독 붓 터치가 강렬한 그림이 눈에 들어왔다. 연약해 보이는 얼굴에서 뿜어 나오는 아우라가 생기 있고 도전적이었다. 보는 순간, 알 수 있었다. '아, 자매의 자화상이구나!'

대부분 인물화와 추상화였는데, 한 소녀와 듬직한 두 소년이 웃고 있는 그림이 있었다. 소녀의 얼굴은 그림자 빛만 있는데 비해 옆에 있는 두 소년의 얼굴은 아주 섬세하게 표현되어 있었다. 이 소년들은 누굴까? 다음 그림을 보자마자 바로 알아차릴 수 있었다. 장로님과 권사님, 두 아들과 딸의 어릴 적 모습이 아주 사실적으로 묘사되어 있었다.

다음 그림들은 한 인물의 여러 표정을 담고 있었다. 좌절, 무덤덤함, 지침 등을 느낄 수 있었다. 머리를 푹 숙인 채 벤치에 앉아 있는 모습, 채색 없이 연필로만 그린 얼굴도 있었다. 그림 하나하나를 보면서 놀라움을 금치 못했다. 좌절한 듯한 표정의 얼굴을 자세히 들여다보니 흐릿하긴 하지만 푸근하게 미소 짓고 있는 얼굴이 포개져 있었다. 지쳐 보이는 얼굴 속에서는 평안한 이의 얼굴을 발견할 수 있었고, 머리를 푹 떨군 얼굴

밑에는 간절히 기도하는 강한 손이 있었다. 완성한 날짜를 보니 비교적 최근 그림이다. 순간 온몸에 전율이 느껴졌다. 둘째 오빠를 그린 것이다.

그제야 전시회 주제가 이해되었다. 내가 목사라 그런지 몰라도, 나에게 그 얼굴은 예수님의 얼굴이었다. 주님과의 연합을 표현한 것이다. 고달픔으로 지친 오빠를 예수님이 여전히 사랑하고 계심을 바라본 것이다. 막내는 바랄 수 없는 중에 오빠가 평안을 누리며 미소 짓는 모습을 바란 것이다.

특히 머리를 떨군 채 의자에 앉아 있는 둘째의 모습이 내게는 로마서 8장 26절 말씀으로 다가왔다.

"이와 같이 성령도 우리의 연약함을 도우시나니 우리는 마땅히 기도할 바를 알지 못하나 오직 성령이 말할 수 없는 탄식으로 우리를 위하여 친히 간구하시느니라"(롬 8:26).

그녀의 그림을 보면서, 2년밖에 안 배웠다는데, 그것도 발달장애가 있는 자매가 어떻게 이토록 잘 그릴 수 있단 말인가 하고 내내 감탄할 수밖에 없었다. 감탄은 통찰을 선물한다. '아, 필연이구나! 얼마나 그립고, 보고 싶었으면….' 아마도 쉬지 않고 그렸을 것이다. 그녀가 쉬지 않고 그림을 그렸다는 것은 곧 쉬지 않고 기도했다는 뜻일 것이다.

"만일 우리가 보지 못하는 것을 바라면 참음으로 기다릴지니
라"(롬 8:25).

그녀에게 그림 그리기는 기도하고 소망하며 바랄 수 없는 중
에 바라는 믿음의 행위였던 것이다. 그 믿음이 실력이 되었고,
하나님은 그런 그녀를 영화롭게 하셨다.

율법은 절대 사랑을 이길 수 없다

둘째 아들은 결혼할 아내에게 발달장애가 있는 동생을 돌봐
야 하는 그 '상황'의 부담을 주기 싫어했다. 집안의 여러 복잡한
'상황'으로부터 도망치고 싶었다. 하지만 그때도 여전히 여동
생은 둘째 오빠를 사랑했고, 그리움이 기도가 되어 그리다 보
니 장애라는 상황을 이겨 내고 다른 이에게 감탄을 주는 진정
한 화가가 된 것이다.

막내의 그림을 보면서 한탄을 감탄으로 바꾸시는 하나님의
능력을 경험할 수 있었다. 그녀도 분명 그 능력을 경험했을 것
이다. 그래서 그 가정에서 가장 연약하고 힘든 상황에 처한 그
녀가 오히려 엄마, 아버지, 첫째와 둘째 오빠, 그리고 그들 서
로의 갈등 관계와 상처 속으로 들어간 것이다. 자신의 골방에
서 하늘 아버지와 함께 우리의 연약함과 허물과 연합하여 승리

해 내신 그리스도의 승리를 담담히 그려 내고 있었던 것이다.

큰아들 부부의 모습도 그림에서 찾아볼 수 있었다. 약간은 무덤덤한 그들의 표정 뒤에 있는 화려하고 다채로운 햇빛의 그림자들 그리고 다양한 색의 나무들이 있어 인상적이었다. 엄마 아빠의 모습도 있었다. 지금의 모습보다 주름은 더 패였고, 세월의 흔적이 깊어 보이는 얼굴이다. 그런데 웃는 모습이 참 넉넉하다. 뒤에서 지는 노을의 황혼이 노부부의 삶을 말해 준다. 삶의 마지막 싸움에 승리해 놓은 자만이 지을 수 있는 평안함이 있다.

그중에서 가장 인상 깊게 본 그림은 가운데 선 남자가 양옆의 두 명과 어깨동무하고 있는 작품이었다. 전시회장에 들어갔을 때 장로님이 그 그림 앞에 서 있던 모습이 자꾸만 뇌리를 지나간다. 두 아들을 감싸 안고 있는 남자는 초라하고 그늘진 노인의 모습이었지만, 두 아들의 어깨를 감싼 손에는 강하고 힘찬 에너지가 있었다. 70대라고는 믿기지 않는, 근육과 힘줄이 회오리쳐 튀어나올 듯한 상완근을 보니 이사야 선지자가 말한 "여호와의 팔"(사 53:1)이 떠올랐다. 전능하신 여호와의 팔의 능력(power)이 사랑할 힘(ability)과 그 가능성(capacity)마저 완전히 잃은 자에게 임한 것이다.

마지막 그림이다. 엄마 아빠, 큰아들 부부, 둘째 부부, 그리고 막내까지 함께한 행복한 가족의 모습이다. 아마 이 가족을 모르는 사람들이 작품을 보면, 그냥 평범한 가족의 초상화로 여겼을 것이다. 그런데 막내 뒤에서 반쯤 얼굴이 가려진 한 사람이 있다. 그래서 표정을 읽을 수는 없었지만, 나머지 모든 가족은 환하고 넉넉한 웃음을 뿜어내고 있다. 권사님께 먼저 간다고 손짓하고는 전시장을 빠져나왔다.

도대체 천지를 창조하신 전능자께서 왜 십자가에서 멸시받고 고난을 많이 겪고 죽으셔야 했을까? 우리에게 그 십자가 사랑은 결코 우연이 아니라는 것을 입증하고 싶으셔서가 아닐까? 사랑은 필연이라는 것을 보여 주시기 위함이다. 그래서 하나님은 우리의 모양대로 성육신하셔서, 인간의 수많은 수치스럽고 고통스러운 상황 속으로 들어오신 것이다. 그렇게 십자가로 우리와 연합하신 것이다. 지금 우리의 현재의 고난이 우연이 아닌 당신의 사랑이 확증될 필연이라는 것을 우리에게 보여 주시기 위함이다. 사랑하는 주체는 사랑하는 대상의 상황과 환경을 뛰어넘는다. 그래서 사랑하는 이의 모든 상황과 아픔이 마치 내 아픔과 절망처럼 느껴진다. 그래서 막내는 그림을 그리지 않을 수 없었던 것이다. 그래서 하나님은 인간이 되신 것이다. 목수로서 우리와 같은 가난의 상황 속에서 사셨다. 십자가란 우리 인간이 경험할 수 있는 모든 가능한 상황과 환경들의 집합소다. 이 모든 상황을 초래한 원인은 우리의 죄다.

예수님은 하나하나 우리의 모든 상황 속에 들어오셔서 그것을 자신의 몸으로 친히 경험하셨다. 그리고 십자가에서 죽으심으로 인간의 죄를 대속하셨다. 그리고 죽음을 이기시고 부활하셔서 "율법은 절대 사랑을 이길 수 없다!"고 선포하신 것이다. 이것이 'in all things God works,' 십자가 위에서 모든 것이 합력하여 선을 이루게 하시는 하나님의 일하심이다.

우리는 하나님께 "하나님이 나를 사랑하신다면, 왜 이런 환난과 고난을 주십니까?"라고 질문을 드린다. 하나님은 "네가 아프고 힘든 것은 우연이나 누구의 잘못으로 그렇게 된 것이 아니라, 너는 나의 필연이기 때문이다!"라고 응답하신다. 사랑의 능력은 부르시고 의롭다 하신 자를 반드시 영화롭게 하시기 때문이다. 그래서 현재의 고난은 장차 우리에게 나타날 영광과 비교할 수 없다(롬 8:18).

필연은 기도의 자리에서 시작된다

십자가의 사랑을 알면, 모든 것을 필연으로 경험한다. 하지만 하나님의 선과 필연에 큰 걸림돌이 있다. 이것이 바울이 다음 구절을 기록한 이유이기도 하다.

"만일 우리가 보지 못하는 것을 바라면 참음으로 기다릴지니라"(롬 8:25).

우리는 그 사랑이라는 필연의 과정을 거치고 싶지 않은 것이다. 모든 필연은 고난이라는 과정을 통과해야 필연이 된다. 그래서 인내와 참음이 필요하다. 하지만 고난과 연단의 과정을 통해 우리를 영화롭게 만드시는 그 하나님의 부르심이 마뜩잖다. 우리가 합력하여 이루시는 하나님의 선을 경험하지 못하는 이유는 우리가 막내처럼 우리의 상황 속에서 하나님의 사랑을 경험하려고 하기보다는 둘째처럼 우선 상황만을 바꾸려는 사람이 되고 싶기 때문이다. 사랑하기란 참 어렵다. 하나님처럼 사랑하는 대상의 모든 상황에 들어가야 하니 부담스러운 것이다. 그러나 상황은 내 힘(ability)과 열심으로 노력하면, 충분한 돈을 벌고 힘 있는 사람을 백으로 둘 수 있는 운만 있어도 충분히 바꿀 수 있다. 그러나 언제나 상황에만 매여 있는 종이 된다. 그래서 두려워하는 삶을 사는 것이다.

상황을 바꾸려 하지 말고, 하나님이 우리의 모든 상황에서 (in all things) 일하실(God works) 시간을 드려야 한다. 때로는 우리 인간에게 가장 힘든 고통은 어려운 상황 속에서 아무것도 하지 않고 기다리는 것이다. 마음 근력이란 내가 무엇을 성취하는 힘이라기보다는 이미 성취된 승리를 참음과 인내로 기다릴 수 있는 믿음이다. 그렇다고 아무것도 안 하고 참고 무조건 기다리리라는 것은 아니다. 막내에게 그림을 그린다는 것은 기다림과 소망으로 참아 내는 기도였다. 그래서 바울은 '하나님의 일하심'을 부르는 진정한 기다림은 기도의 자리에서 시작된다고 말한다.

> "이와 같이 성령도 우리의 연약함을 도우시나니 우리는 마땅히 기도할 바를 알지 못하나 오직 성령이 말할 수 없는 탄식으로 우리를 위하여 친히 간구하시느니라"(롬 8:26).

기도의 자리가 중요한 이유는 기도할 수 없는 상황 속에서도 "성령이 말할 수 없는 탄식으로 우리를 위해 친히 간구하시는" 그 중보의 능력(power)을 경험하기 때문이다. 하나님이 일하실 것이다. 그래서 필연적이다. 그럼에도 하나님이 일하시도록 기도의 자리로 나가야 할 책임은 100% 우리에게 있다. 100% 하나님의 일하심이지만, 하나님이 모든 것을 합력하여 일하실 때까지 포기하지 않고 끝까지 기다리고 간구해야 할 책임은 100% 우리에게 있는 것이다.

○

사랑은 절대 지지 않는다 (롬 8:31-39)

권사님에게서 전화가 왔다.

이 목사_ 안 그래도 궁금했어요! 전시회는 어떻게 잘돼 가세요?
장로님도 매우 기뻐하시죠?
김 권사_ 네! 그런데 목사님, 한번 찾아뵙고 싶어요.

갑자기 대화가 바뀌어서 걱정됐지만, 권사님의 목소리에는
힘이 있었다.

김 권사_ 결혼 주례를 부탁드리려고 왔어요.
이 목사_ 네? 누구 결혼이요? 막내가 벌써 결혼해요?
김 권사_ 아니요. 둘째요, 둘째! 목사님!

이 목사_ 무슨 일이 있었나요?

김 권사_ 네! 둘째 네가 정식으로 결혼하고, 당분간 저희와 합쳐서 살기로 했어요! 결혼해서 교회도 함께 다닐 거예요. 주례는 당연히 목사님이 해 주셔야 해요!

사랑으로 연결되다

이 목사_ 주례는 당연히 제가 해 드려야죠. 아니, 어떻게 된 거예요?

김 권사_ 목사님! 정말 하나님의 일하심은 언제나 저희의 생각과 환경을 뛰어넘는 것 같아요! 바랄 수 없는 중에 바라라는 말씀이 이제 정말 실감이 나요.

김 권사_ 기억하세요, 목사님? 목사님이 저번에 작은아들 부부를 만나서 "이해한다" 이 말 한마디만 하라고 하셨잖아요. 제가 그 말씀에 순종했거든요. 제가 만나서 이해하고, 제대로 해 주지 못해서 미안하고, 아버지 너무 미워하지 말라고 했어요. 작은 며느리가 감사하다고 저희가 죄송하다고 대답하더라고요. 그때부터 가끔 작은 며느리에게서 안부 전화가 왔어요. 그래서 막내 전시회 이야기를 해 줬지요.

부부가 전시회에 다녀간 후 많은 대화를 한 것 같아요. 며느리 말로는 자기 남편이 눈물 흘리는 것을 처음 봤다고 하더라고요. 며느리가 아들을 설득한 것 같아요. 혼인신고는 했지만, 이제 자기는 양쪽 부모에게 축하받는 결혼식을 올리고 싶다고. 처음에는 작은아들이 아버지가 거절할 게 분명한데 뭐하러 고개 숙이고 아쉬운 말 하느냐고 화를 냈다고 해요. 그런데 전시회를 다녀온 후에 그래도 어머님께 먼저 말씀드리고 싶다고 전화가 왔더라고요.

저도 전시회 때 눈물을 훔치는 남편 모습을 살짝 보았거든요. 그래서 자신 있게 남편에게 며느리의 말을 전했죠. 그랬더니 일이 일사천리로 진행되더라고요.

이 목사_ 권사님이 합치자고 하신 거예요?

김 권사_ 아니요! 저는 요즘 먼저 된 자가 나중 되고, 나중 된 자가 먼저 된다는 말을 실감하고 살아요. 며느리가 아들을 설득했나 봐요. 그리고 감사하게도 남편도 좋다고 했고요.

아들에게 힘들게 일해서 번 돈을 다 월세로 소비하는 것보다, 1-2년이라도 부모님과 합치고, 그 돈을 모아서 나중에 전세로 가는 것이 어떻겠냐고 했나 봐요. 돈도 돈이지만, 부모님과 함께 살면서 실제 가족으로 연합을 이루는 것이 훨씬 중요한 것 아니겠냐고! 그리고 무엇보다 며느리가 막내딸과 친해지고 싶다고 했나 봐요. 감상적으로 접근하지 말라고 반대하는 아들에게 며느리가 하나님의 뜻을 우리가 먼저 알 수는 없는 것 아니냐고! 우선 1년만이라도 그렇게 해 보고 그다음에 또 결정하면 되지 않겠냐고 설득했나 봐요!

이 목사_ 이제 교회 다닌 지 1년밖에 되지 않았을 텐데 작은 며느리 신앙이 진짜 대단하네요!

김 권사_ 그러게요. 제가 그 말을 듣는데, 속으로 얼마나 부끄러웠는지! 우리가 그 아이 신앙 없다고 결혼을 반대한 것 아시죠?

이 목사_ 아, 네. 장로님도 좋아하시고요?

김 권사_ 제가 작은며느리 말을 전했더니, 장로님이 아들보다 훨씬 믿음이 좋다고 좋아하세요. 하나님의 일하심은 정말 우리의 지혜와 생각을 뛰어넘는 것 같아요. 저희는 큰며느리 때 생각하고 작은며느리마저 예수 믿지 않는 사람이 들어오면 우리 가정은 이제 끝이다! 소망이 없다고 생각했거든요. 작은아들이 집을 나갈 때 하나님이 정말 우리 가정을 버리시나 보다 한탄했죠. 그런데 그 한탄이 정말 감탄이 되었어요! 끊어졌다고 생각했던 장로님과 둘째의 관계가 작은며느리를 통해 조금씩 회복되는 것 같아요.

우리가 끝났다고 생각했을 때, 하나님은 그때도 작은며느리를 통해서 우리 가정을 향해 끊임없이 그분의 사랑을 흘려보내 주고 계셨던 것 같아요. 지금까지 "어떤 피조물이라도 우리를 우리 주 그리스도 예수 안에 있는 하나님의 사랑에서 끊을 수"(롬 8:39) 없다는 말씀을 머리로만 이해했는데 이제 가슴으로 읽어지네요.

목사님이 전에 삼위일체를 설명하면서, 예수님이 십자가에서 죽으실 때 성부와 성자의 관계는 끊어졌지만, 성부와 성자 안에 계신 성령님이 다시 성부와 성자를 사랑으로 연결되게 하셨다고 말씀했잖아요? 그것이 부활의 능력이라고! 지금 성령님께서 그렇게 우리 가정에 역사하시고 있는 것 같아요. 인간적으로 완전히 끊어진 지 오래라 다시 회복될 수 있을까? 다시 사랑할 수 있을까? 하는 의구심이 들었는데 점점 회복되고 있는 느낌이에요. 이게 부활이겠죠?

이 목사_ 네, 권사님! 제 방에 오셔서 처음 하신 말 기억하세요? 이제는 정말 끝이라고! 하셨는데, 바로 그때도 하나님의 사랑이 막내와 작은며느리를 통해서 일하고 계셨던 거네요!

김 권사_ 그러게요. 내가 보기 원하는 것만 보려고 해서 그랬나 봐요. 솔직히 기도는 했는데 막내에게 어떤 큰 기대는 하지 않았어요. 기대하면 막내나 저나 결국 상처만 깊어지니까요. 나중에 마음을 고쳐먹었어요. 그냥 내 딸은 하나님이 주신 선물이다. 뭘 더 하려고 하지 말고, 딸을 있는 모습 그대로 사랑하자. 그래서 제가 딸을 나중에는 '선물'이라고 불렀어요. 그 모습도 충분하고 감사하다고요! 그렇게 딸의 있는 모습 그대로를 받아들이려고 노력했어요. 그래야 제가 살 것 같더라고요. 대신 아들들에게 열심히 요구했죠.

이 목사_ 아! 그래서였네요. 제가 따님 그림을 보며 정말 느낀 것이 있어요. 권사님의 집에서 마음 근력이 가장 강한 사람이 누구일 것 같아요?

김 권사_ 우리 딸이요?

이 목사_ 네! 맞아요. 대담한 그 붓 터치에서 막내의 마음 근력이 느껴지지 않으세요? 상황에 상처받고 힘들어서 모두 도피하려 할 때, 따님만 그 상황으로 담대히 들어가서 인내와 참음으로 하나님의 일하심을 그려냈잖아요. 그 어떤 상황도 끊을 수 없는 하나님의 사랑이 그 마음에 흘러서가 아닐까요? 그런데 누구 덕분에 막내의 마음 근력이 그렇게 단단해진 줄 아세요? 권사님 덕분이에요!

김 권사_ 저 덕분이라고요?

이 목사_ 네. 권사님이 하나님이 우리 가정을 버리신 게 아닐까 하실 때도 예수 그리스도 안에 있는 하나님의 사랑은 끊임없이 권사님에게 흐르고 있었어요. 그래서 막내에게 그 사랑이 흘려보내진 거예요. 있는 모습대로 사랑한다는 것이 그렇게 쉽나요?

김 권사_ 그래요, 목사님! 이제는 다 끝났다고, 아무 소망 없다고 포기한 나를 하나님이 끝까지 사랑하고 계셨네요! 결코 제힘과 능력이 아니었어요. 하나님의 사랑이 우리로 하여금 넉넉히 이기게 하셨어요. 감사합니다, 목사님!

끝까지 버티는 힘은 어디에서 오는가?

왜 사랑이 능력(power)일까? 우리의 힘(ability)과 의지, 열정과 노력(capacity)으로 세운 삶의 터(foundation)는 방대한 시간의 흐름 속에서는 언젠가 무너지기 마련이기 때문이다. 다양한 삶의 지평 안에서 연계되어 연속적으로 벌어지는 수많은 싸움에서 끝까지 버티기란 불가능하다.

최근 코로나와 우크라이나 전쟁으로 삶의 다양한 지평에서 수많은 환난과 온갖 위험과 칼들이 우리 삶의 터전을 송두리째 흔들고 있다. 그 시공간 중에서 인간이 가장 두려워하는 것은 '사망이나 생명'이라는 지평이다. 죽으면 다 끝나기 때문이다. 그런데 '천사들이나 권세자들'이나 '현재 일이나 장래 일'이나 '높음이나 깊음'이라는 시간과 공간들이 흔들려 심한 환난과 곤고와 기근을 경험하는 상황 속에서도, 우리가 넉넉히 이길 수 있다고 고백하는 이유가 있다. 절대 흔들리지 않고 끊어지지 않는다고 확신하는 것이 있기 때문이다. 바로 우리를 사랑하시는 하나님의 사랑이다. 문제는 그 사랑을 어떻게 확증할 수 있느냐는 것이다.

요즘 교육계에서 가장 주목받는 싸움의 무기가 있다. 바로 그릿(Grit: 끝까지 버틸 수 있는 힘과 끈기)이다. 나는 이 그릿을 마음 근력이라고 부른다. 이 싸움의 최대 무기인 마음 근력은 그 무엇도 훼손할 수 없는 본질적 자기 가치에서 나온다. 손자병법은 싸움에서 언제나 승리하는 방식을 이렇게 소개한다. 지피지기이면 백전백승이다. 적을 알고 나를 알면 백 번을 싸워도 이긴다는 것이다. 무엇을 안다는 것일까? 적과 나의 장점과 단점을 파악해서 최적의 전략을 짜면 언제나 승리한다는 것일까? 가장 중요한 앎은 그 적과 끝까지 싸울 수밖에 없는 흔들릴 수 없는 자신의 가치를 아는 것이다. 그 가치를 아는 사람만이 끝까지 버텨 낼 수 있기 때문이다. 승리할 수밖에 없음을 알기 때문이다

우리의 대표자요 대장 되신 예수 그리스도는 우리의 고난과 실패와 죽음까지 담당하시고 최종적으로 승리해 놓으셨다. 그래서 우리는 먼저, 예수님의 편이 되어 우리의 몸을 의의 무기로 드리는 한, 그리고 그와 함께 끝까지 싸우는 한 절대 질 수 없다. 누가 승리하는가는 누가 끝까지 버틸 수 있는가의 싸움인 것이다.

불임 진단을 받은 부부가 어떻게 해서라도 임신을 시도하려고 정자와 난자를 냉각시키고, 시험관 아기도 다섯 번 시도하고, 매년 불임클리닉에도 다녔다고 한다. 어느 날 직장 언니가 눈물을 흘리는 모습을 보았다. 그 언니에게 시험관 아기를 통해 태어난 다섯 살 된 딸이 있는데, 태어나서 신장이 안 좋아서 3년 동안 열심히 기도하며 싸워서 어느 정도 치유되었는데, 이

번에는 심장이 나쁘다는 진단이 나왔다는 것이다. 이 이야기를 듣던 자매는 '나도 이제 그만 싸워야겠다'라는 생각이 들어 포기했다는 것이다.

계속되는 싸움은 우리를 지치게 한다. 본질적 자기 확신이 없으면 더 지친다. 이 본질적 자기 가치를 어떻게 확증할 수 있을까? 마음 근력은 내가 무엇을 잘해서가 아니라 자신의 존재만으로 충분히 사랑받은 사람이 키울 수 있다고 했다. 그래서 자녀교육의 권세자는 부모다. 있는 그대로의 모습으로 자녀를 사랑할 수 있는 사람은 부모밖에 없다. 그런데 아들이 1등 해서, 말 잘 들어서, 어떤 결과를 보여서 칭찬하고 사랑하는 부모는 절대 자녀의 마음 근력을 키울 수 없다. 이것은 교육학, 심리학, 정신의학도 다 비슷한 견지를 가지고 있다. 그런데 로마서가 결정적으로 다른 것이 하나 있다. 바로 무엇을 근거로 자신의 가치를 확증하는가이다.

"그러나 이 모든 일에 **우리를 사랑하시는 이로 말미암아** 우리가 넉넉히 이기느니라"(롬 8:37).

어떻게 이길 것인가

보이는 모든 창조 세계가 흔들리고 무너져서 그 어떤 것도 확신이란 것을 할 수 없을 때, 우리의 존재 가장 깊은 곳에서 우리를 여전히 붙잡고 떠받치고 있는 것이 있다.

하나님은 여전히 우리를 사랑하신다는 확증이다. 그래서 폴 틸리히라는 유명한 신학자는 하나님은 모든 터전이 그 위에 놓인 터전이라고 한다. 이제 바울은 우리에게 선택을 요구한다. 자유인이 된 우리에게 선택의 책임이 주어지는 것이다. 우리가 세상에서 노력해서 열심히 세운 터전인지, 아니면 우리를 사랑하시는 이로 말미암는 확증인지 우리는 반드시 이 둘 중에서 선택해야 한다.

자녀의 마음 근력을 그 뿌리부터 죽이는 부모가 있다. 부모가 왜 너를 사랑해야 하는지 자녀로 하여금 끊임없이 자신의 가치를 입증하게 하는 부모다. 부모의 말이 아닌 몸짓과 눈짓만으로도 자녀는 그 요구를 뼛속 깊이 인지할 수 있다. '내가 너를 위해 이렇게 희생하는데'라는 부모의 무언의 압박에 대한 부채감으로 자녀는 학교에서 열심히 노력(ability)해서 1등은 할 수 있을 것이다. 어느 정도의 싸움까지는 자신의 끈기(capacity)로 버텨낼 수 있다. 그러나 벽을 만나는 상황에 부딪히게 되면, 바로 무너지게 되어 있다. 몇 년 전 유명한 자율형 사립고에서 전교 1등을 하던 아이가 마지막으로 남긴 짧은 글이다.

"제 머리가 심장을 갉아 먹는데, 이제는 더 이상 못 버티겠어요."

로마 교회 안의 유대인과 헬라인들은 이렇게 끊임없이 자신의 가치를 입증하려는 것이다. 유대인들은 자신의 계명을 열심히 지킴으로, 헬라인들은 자신의 도덕적 행위나 인간적 지혜로 자신의 가치를 입증하며 그것으로 자신의 의(righteousness)를 삼는 것이다. 나는 1km 혹은 10km 수영했다고, 나름 도덕적이고 양심적이라며 끊임없이 자기 존재의 확증을 시도한다. 그러나 스스로의 가치를 입증하는 자는 끊임없는 자기 결핍에 시달리게 된다. 내가 노력해서 세운 공적이나 터전은 언젠가는 무너지게 되어 있다. 남은 것은 스스로를 자책하는 것이다. "거 봐, 안 되는 것이었어! 또 실패할 줄 알았다고!" 그렇게 스스로를 정죄하는 것이다. 자기를 정죄하는 사람이 어떻게 자신의 가치를 믿고 끝까지 싸울 수 있을까? 자기 자신의 곤고함으로 무너지는 것이다.

7장에서 이 곤고함을 한탄하던 바울이 '자기 결핍'이라는 정죄함을 이기고, 어떻게 8장에서 우리가 넉넉히 이긴다고 말하며 감탄할 수 있었을까?

"만일 하나님이 우리를 위하시면 누가 우리를 대적하리요 자기 아들을 아끼지 아니하시고 우리 모든 사람을 위하여 내주신 이가 어찌 그 아들과 함께 모든 것을 우리에게 주시지 아니하겠느냐 누가 능히 하나님께서 택하신 자들을 고발하리요 의롭다 하신 이는 하나님이시니"(롬 8:31-33).

하나님이 십자가에서 확증하신 그 사랑이 바울 안에 일방적으로 부어졌기 때문이다.

"소망이 우리를 부끄럽게 하지 아니함은 우리에게 주신 성령으로 말미암아 하나님의 사랑이 우리 마음에 부은 바 됨이니"(롬 5:5).

이 사랑이 부은 바 되면 그 어떤 것도 확신할 수 없는 세상에서 끝까지 싸우게 되는 것이다. 그 무엇도 흔들릴 수 없는 내 가치가 이미 입증되었기 때문이다. 우연은 필연을 이길 수 없다. 상황은 절대 사랑을 넘어설 수 없다. 이 최종적 승리를 위해 하나님은 피조 세계뿐 아니라 이제는 하나님의 세계마저 흔들어 버리신다. 신성이란 울타리를 스스로 무너뜨리시고 피조 세계 안으로 들어오시는 것이다. 피조물의 종이 되셨다. 죽음을 알 수 없는 영원한 자가 죽음을 경험하셔야 했고, 끊어질 수 없는 성부 아버지와 성자 아들의 관계가 끊어졌다. 인간의 대표자 아담이 실패한 모형 그대로 예수 그리스도로 한 사람을 통해 우리가 모두 피조 세계의 거대한 싸움에서 최종적 승리자가 되게 하신다. 피조 세계의 모든 흔들림과 끊어짐을 끊

어질 수 없는 성부, 성자, 성령, 삼위일체의 사랑 안에서 넉넉
히 감당하신다.

날마다 새 힘을 얻는 비결

로마서는 단지 한 사람이 믿음으로 얻는 구원만을 이야기하
지 않는다. 한 사람 아브라함으로 시작한 것이지만, 복음은 유
대인과 헬라인뿐 아니라 모든 믿는 자에게 구원을 주시는 하나
님의 능력이다(롬 1:16). 모든 피조물이 종노릇하는 데서 해방되
는(롬 8:21) 거대한 구원의 이야기다. 현재와 장래 일을 넘나드
는 방대한 시간의 흐름 속에서, 사망이나 생명, 천사들이나 권
세자들 사이에, 그리고 높음이나 깊음이라는 전 우주적 범위와
지평 속에서 총체적으로 일어나는 거대한 싸움에서 이기신 하
나님의 최종적 승리를 그려 낸다.

바로 이 광대하고 전 우주적인 승리는 우리를 향한 하나님
의 끊을 수 없는 사랑의 능력(power) 때문이라는 것이다. 그래서
전 우주적이며 초월적 승리가 십자가를 통해 나의 삶에서 완벽
히 리플레이되는 내재적 사건이 된다. 사랑은 이 초월성과 내
재성을 연결해 주는 능력(power)이다.

피조 세계 안에 있는 그 어떤 시공간적 흔들림이나 위험도
"우리를 우리 주 그리스도 예수 안에 있는 하나님의 사랑에서

끊을 수 없음을" 확증하신 것이다. 그렇게 우리를 넉넉히 이기는 자가 되게 하셨다. 영어 성경(NIV)은 넉넉히 이긴다는 말을 "we are more than conquerors through him who loved us"라고 표현한다. 우리는 한두 번 승리하는 conquerors(정복자)가 아니다. 정복자는 언젠가 정복당하기 마련이다. 우리는 더 이상 정복자가 아닌 최종적 승리자가 된 것이다. 힘과 권력이 아닌 사랑으로 승리했기 때문이다.

사랑은 그 받는 자가 입증하는 것이 아니다. 사랑은 그 하는 자가 확증하는 것이다. 그래서 받는 자의 마음에 그 사랑이 부은 바 되는 것이다. 더 이상 입증하려는 우리의 시도를 이제 멈추어야 한다. 다른 이에게 입증하라는 요구도 이제 내려놓아야 한다. 그리고 겸손히 먼저 그 사랑을 받는 자가 되어야 한다. 그 사랑이 내 안에서 부은 바 되어 넘쳐흐르게 될 때, 비로소 사랑할 수 없는 자에게까지 사랑의 마음이 흘러가는 자유로움을 얻는다. 드디어 우리도 그분 안에서 사랑하는 자가 되어 가는 것이다. 그렇게 우리를 사랑하시는 이로 말미암아 모든 일에 넉넉히 승리해 내는 것이다.

당신은 구원을 얻었는가?

믿음으로 의롭게 되었는가?

당신의 구원을 확증하고 싶은가?

알고 싶고 확인하고 싶다면, 다음 질문에 답하면 된다.

하나님의 사랑이 당신의 매일의 삶에서 실질적인 힘이 되는가? 하나님의 사랑이 힘이 되지 않으면, 우리는 세상의 힘을 사랑할 수밖에 없다. 세상이 주는 힘의 유통 기한은 대부분 수일, 아무리 길어야 수년이다. 그 힘으로는 끝까지 싸워 승리할 수 없다. 우리가 넉넉히 승리할 수 있는 비결은 이제 우리는 그리스도 예수 안에 있는 하나님의 사랑으로 사는 자들이라는 것이다. 그래서 오늘 또 내일, 그렇게 매일 새 힘(empowerment)을 얻는다.

"소년이라도 피곤하며 곤비하며 장정이라도 넘어지며 쓰러지되 오직 여호와를 앙망하는 자는 새 힘을 얻으리니 독수리가 날개 치며 올라감 같을 것이요 달음박질하여도 곤비하지 아니하겠고 걸어가도 피곤하지 아니하리로다"(사 40:30-31).